원만이의 편지 _ 3

그래도
꽃은 피어나고

그래도 꽃은 피어나고

원만이의
편지 _ 3

박덕희 지음

Dong Nam
동남풍

여는 글

　돌아보니 '원만이의 편지'를 처음 쓴 것은 2013년 8월 20일입니다. 당시 근무지였던 원남교당 교도님들과 주위 인연에 카톡으로 가벼운 안부를 전하고 싶은 마음으로 시작했습니다. 처음엔 매우 짧고 소박했던 글이 점점 분량도 늘어났고 다양한 내용이 담아졌습니다. 그렇게 무려 10년 동안 '원만이의 편지'라는 이름으로 전달되었습니다.

　원남교당 4년 근무를 마무리하면서 그동안의 편지를 모아 『마음 클리너』(2017, 동남풍)라는 제목으로 출간했습니다. 이후로도 편지는 계속되었고, 이문교당 근무가 마무리되는 2022년 11월 11일에 마지막 편지를 보냈습니다. 헤아려보니 총 500여 통의 글이 쌓였습니다. 특히 이문교당에서 보낸 교화 6년은 '교당신축불사'를 위한 천일기도로 꽉 채워진 행복하고 감사한 날들이었습니다.

　저에게 '원만이의 편지'는 교화 일기이고 수행 일기입니다. 매주 1통의 편지를 쓴다는 것이 쉽지 않은 일이었지만, 깨달음과 실행을 위한 몸부림이었고, 한편으로는 기쁨과 보람의 긴 여정이었습니다.

그냥 묵혀 두기엔 왠지 아깝고 아쉬움이 남을 것 같아 책으로 묶어 보기로 용기를 냈습니다. 최소한 '원만이의 편지'와 함께 했던 나의 좋은 인연들에게 작은 선물이라도 되고 싶었습니다.

이번 책은 세 가지 제목으로 꾸며 보았습니다. 첫 번째는 『해가 뜨니 달이 지네』, 두 번째는 『그래도 꽃은 피어나고』, 세 번째는 『자나 깨나 쉬임 없이』입니다. 책 제목은 편지글 제목 중에서 그냥 마음 닿는 대로 선정한 것입니다. 정해놓고 보니 나름 운치도, 깨달음의 향기도 묻어나는 것 같습니다. 마지막 '자나 깨나 쉬임 없이' 제목은 저의 공부 표준이면서 염원이 담겨 있습니다.

평화교당 3층 생활관에서 바라본 새벽하늘은 청명하기에 그지없습니다. 새소리, 바람 소리, 동쪽 하늘에 물드는 여명까지. 평화한 마음으로 평화 세상을 위해 기도 올립니다.
오늘도 내 마음에 평화가 깃들기를, 온 세상에 은혜의 꽃이 활짝 피어나기를….

지금까지 깊은 애정으로 '원만이의 편지'를 읽어주시고 답글을 주신 분들에게 깊이 감사드립니다. 마지막으로 사랑하는 가족, 그리고 원남교당, 이문교당, 평화교당 교도님들께 감사의 마음을 전합니다.

전산 박덕희 교무 합장

차례

004   여는 글

하나, 봄이 오나 봄

011   복福 중에는 인연 복이 제일
014   내가 먼저 다가서기
016   조율調律
018   천 일 동안의 기도
020   고향 생각
022   꽃이 일찍 피는 이유
024   자나 깨나 쉼 없이
026   천일기도의 정성
029   독립선언서獨立宣言書
031   미세먼지 주의보
033   국타원 이정환 정사님 영전에
037   봄이 오나 봄
039   세상에 공짜는 없다
041   4월의 노래
043   말과 수레
045   블랙홀[black hole]
048   깨어나면서 던진 한마디
050   백 년을 살아보니
052   부처님오신날
054   그 입, 씻고 오라
057   서울역 밥차 봉사

둘,
둥근 달이 떠오르면

- 063 고추장이 발라진 식빵
- 065 화재보험
- 068 모두가 꽃이야
- 070 깊이와 높이
- 072 조고각하照顧脚下
  - 발밑을 살피라
- 074 소원을 말해 봐
- 077 선견지명先見之明
- 080 최소한의 양심
- 083 밥 한 끼
- 085 진퇴양난進退兩難
- 087 삼복더위
- 089 마음 소 길들이기
- 091 과유불급過猶不及
- 093 너의 잘못이 아니야
- 096 가을이 오는 소리
- 098 둥근달이 떠오르면
- 100 원불교 소태산기념관
- 102 은덕문화원
- 104 순간과 영원
- 106 세상에 당연한 것은 없다
- 108 공부할 때가 돌아온 것을 염두에 잊지 말고
- 110 감사 생활
- 112 가족이라는 이름
- 114 아, 옛날이여!

셋,
위에서 바라보기

- 119 고린도전서 15장 10절
- 121 먹통 단상
- 123 작은 병이라도
- 125 자식 걱정, 부모 걱정
- 128 워라밸[work life balance]
- 130 너의 모습을 보여줘! [Show yourself]
- 132 원작과 짝퉁
- 134 선한 영향력
- 137 계획과 실행
- 140 결심만 하지 말고 환경을 바꿔라
- 142 경자년庚子年 새해 인사
- 144 버려야 할 것들
- 146 인생이 뭐 별건가요
- 148 위에서 바라보기
- 150 바이러스[virus]
- 152 두려움을 벗어나는 길
- 155 그래도 꽃은 피어나고
- 157 다시 봄

넷,
그래, 그럴 수도 있지

- 161 사회적 거리, 마음의 거리
- 163 소중한 것들
- 165 유튜브[YouTube] 세상
- 168 창경궁 소요逍遙
- 170 고생 끝에 낙이 온다
- 172 정신의 지도국, 도덕의 부모국
- 175 덕분에
- 177 아카시아 꽃향기 따라서
- 179 줄탁동시啐啄同時
- 181 묻고 배우기
- 184 그래, 그럴 수도 있지
- 187 모기 한 마리
- 189 그리운 사람
- 192 좋은 하루 되세요
- 194 풍선 효과와 여석압초如石壓草
- 196 니가 왜 거기서 나와
- 199 욕속심欲速心 - 빨리 이루려는 마음
- 202 전자 모기향 감상
- 204 법마상전급의 승률 51:49
- 207 쓸데없는 걱정
- 210 그 마음, 잊지 않겠습니다

다섯,
하늘 한번 올려다봐요

- 215 우생마사牛生馬死
- 217 최소한 남에게 피해는 주지 말자
- 220 I am your energy
- 222 목소리가 성우 같으세요
- 225 하늘 한번 올려다봐요
- 227 고무망치로 때려줘서 감사합니다
- 230 노익장老益壯 열정
- 232 가을의 초입初入
- 234 누구나 실수하고 잘못할 수 있다
- 236 사과 한 알
- 237 단풍과 낙엽, 그리고 청소
- 239 배려와 존중
- 242 선의의 경쟁과 승복
- 244 포기하지 않는 것
- 247 넘지 말아야 할 선線, 통해야 할 선線
- 249 쓰면 쓸수록 닳는다
- 251 코로나19 기도
- 253 밥과 법
- 255 비대면 시대의 법회
- 257 참회의 기도

하나,
봄이 오나 봄

복福 중에는 인연 복이 제일

새해가 되면 응당 "새해 복 많이 받으세요."라고 인사를 건넵니다. 덕담이면서, 기원의 의미를 담고 있죠. 복은 적은 것보다 많기를 누구나 원합니다.

전통적으로 오복五福을 이야기하는데요. 수壽·부富·귀貴·강녕康寧·다자손多子孫이 그것입니다. 복 중에 최고로 건강 또는 재물을 꼽기도 하지만 많으면 많을수록 좋다고들 생각합니다.

원불교 2대 종법사인 정산 종사께서는 "복 중에는 인연 복이 제일이다."라고 법문하셨습니다.

인연 복이란 쉽게 말해 '사람 복'인데요. 가족, 친구, 동료 등 그 사람과 인연 있는 좋은 사람들이 많다는 것입니다. 돈은 좀 없더라도, 높은 자리 귀한 자리에 있지 않더라도 인연 복이 많은 사람이 참으로 부자이고 귀한 사람입니다.

복은 지어야 받을 수 있기에 인연 복을 잘 받기 위해서 우선 선연善緣을 맺는 것이 중요합니다. 만나는 인연마다 상생의 인연이 되어야 하지요.

최근 저는 '인연 복 부족'을 느끼고 있습니다.
정확하게 말하면 '교화 인연'인데요.
작년과 올해, 교당의 알뜰한 주인 역할을 하셨던 교도님 몇 분이 다른 교당으로 전출을 하셨습니다. 멀리 이사하셨기 때문에 붙잡을 수도 없는 노릇이라 교당 교무인 저에겐 아쉬움이 큽니다. 늘어나도 모자랄 판에 오히려 빠져나가니 말이죠.

요즘 저는 반성을 많이 합니다. 전생에 교화 인연 맺는 일에 소홀해서 받는 인과응보라고 말이죠. 굳이 전생까지 소환하지 않더라도 인연 관계에 있어 두루 챙기고 세정을 살피지 못한 나, 먼저 다가서지 않고 기다리기만 했던 나, 무심無心했던 인연작복因緣作福을 깊이 참회합니다.

또 다른 생각도 해봅니다.
가면 오고, 주면 받는 것이 인과의 이치라 했으니, 언젠가는 그 누군가 그 빈자리를 채우러 오시리라 믿습니다.

그래도, 앞으로는 인연 가난을 느끼지 않도록 좋은 인연 만들기에 열심히 공을 들여야겠다는 다짐을 해봅니다. 특히, 가까운 인연을 소중히 여기는 인연 불공에 힘써보려 합니다.

정산 종사께서는
"복 중에는 인연 복이 제일이다."라는 법문에 더하여 인연 중에는 "불연佛緣이 제일"이라고 하셨습니다.

그동안 저와 인연이 된 거의 모든 분은 '원불교'라는 불연으로 맺어진 인연들입니다. 그 소중한 인연들이 영생의 선연善緣이 되길 기원합니다.

2019년!
기해년己亥年, 황금돼지의 해!
새해 좋은 인연과 더불어 복된 한 해가 되시길 진심으로 기원합니다.

○ 원기104년 1월 4일

내가 먼저 다가서기

요즘 교단의 인사철이 되어 떠나고 새로 오시는 교무님들이 많습니다. 인생이란 게 만나고 헤어지는 것이 당연한 인연법이기에 아쉬움과 반가움이 잠시 교차하지만, 이런 상황을 자연스럽게 받아들이는 것도 도가의 풍속입니다. 그래도 특별한 인연에 마음이 더 가는 것이 인지상정人之常情입니다.

예전엔 이런 상황을 무심하게 대했지만, 올해엔 새로 부임하시는 몇몇 교무님들에게 전화로 환영의 인사를 하기도 했습니다. 나중에 볼 텐데, 미리 전화까지 할 필요까지 있을까 싶기도 했지만 내가 먼저 다가서기로 했습니다.

어제는 옆 교당에 부임해 오시는 교무님께 전화했더니 매우 고마워하셨습니다. 서로 특별한 인연은 없어 이름 정도만 알고 있었지만, 선배 교무님이시고 이웃 교당이기에 그리했던 겁니다.

저도 예전에, 교당에 부임했을 때 그 낯선 상황에서 전화 한 통 받은 것이 무척 고마웠던 기억이 있습니다. 처음엔 상대방을 위한 것으로 생각했지만 나중에 보니 내 마음에 기쁨이 충만해지더군요. 그래서 나도 몰래 웃음 지었습니다.

'내가 먼저 다가서기.'

그렇게 어려운 일은 아니지만, 그리 쉽지만도 않습니다. 선뜻 마음이 나기도 하지만 그 마음이 뒤로 물러서기도 합니다. 특히 불편한 사람에게 먼저 다가서는 것은 꽤 어려운 일이고 용기가 필요합니다.

자존심을 내세우기도 하고, 아직 불편했던 마음이 씻기지 않아서이기도 합니다. 그런데 오히려 한 번 용기를 내서 내가 먼저 다가서면 불편했던 것들이 사라지고 긍정의 에너지로 바뀌는 작은 기적을 만들 수 있습니다.

주저하지 말고 내 마음을 표현해 보세요. 내가 먼저 다가서 보세요. 짧은 문자도 좋고 상황이 되면 정감이 담긴 목소리로 전화를 드리면 더 좋겠지요. 시간이 지나고 기회를 놓치면 나중에는 더 어렵게 됩니다.

후배 교무님께 답장이 왔습니다.
"교무님께 이런 응원을 받으니 더욱 감사하고 힘이 납니다."

저 또한 힘이 나고 감사합니다.

○ 원기104년 1월 11일

조율 調律

교당 피아노 조율을 했습니다. 건반 하나하나 제소리를 찾기 위해 두 시간이 넘는 작업이 이루어졌습니다. 물론 전문가의 손을 거쳐야 했죠.

조율은 악기의 음을 표준음에 맞추어 고르는 일입니다. 이렇게 피아노를 조율하고 나니 소리에 무감각한 제 귀에도 맑은소리, 고운 소리가 들리더군요.

틀어지고 이탈해 있던 소리가 원래의 음으로 제 자리를 찾았을 때, 다른 음들과 어울려 아름다운 하모니를 창출합니다.

악기만이 아니라 우리 삶도 조율이 필요한 때가 있습니다.
감정이 틀어지거나, 누군가와 의견충돌이 있거나, 정신과 물질에 균열이 생기면 나의 마음과 생활에 조율이 필요합니다.

이때 우리가 찾아야 할 표준음은 원래 없는 마음, 텅 빈 본래 마음입니다. 하나씩 제자리를 찾고 제 음을 낼 때 보는 것과 듣는 것과 말하는 것과 마음 쓰는 것이 맑은소리, 고운 소리로 나오겠지요. 나뿐만 아니라 우리 이웃과 사회도 조율을 통해 아름답고 행복한 공동체가 되었으면 좋겠습니다.

가수 한영애의 노래 '조율'을 듣습니다.

"잠자는 하늘님이여. 이제 그만 일어나요.
그 옛날 하늘빛처럼 조율 한번 해주세요.

미움이 사랑으로, 분노는 용서로, 고립은 위로로, 충동이 인내로
모두 함께 손잡는다면 서성대는 외로운 그림자들
편안한 마음 서로 나눌 수 있을 텐데"

우리의 바람은 그런 하늘님이 있어 모든 것을 미리 조율해 주면 좋겠는데요. 그런데 내 삶을 조율할 수 있는 하늘님은 바로 '나'일 수밖에 없습니다.

잠자는 나를 깨워 조율 한번 해봅시다.

○ 원기104년 1월 18일

천 일 동안의 기도

999, 1,000.
무슨 숫자인지 궁금하시죠?

999 다음 숫자는 당연히 1,000입니다. 단 1의 차이지만, 단위는 백에서 천 단위로 바뀌죠. 제가 느끼는 1,000이라는 숫자는 정성의 다른 이름입니다.

내일은 원불교 이문교당 교당신축 천일기도가 1,000일째 되는 날입니다. 1,000에 도달하기까지 우리는 하루하루 정성의 탑을 쌓아 올렸습니다.

저 또한 매일 새벽에 기도로써 하루를 시작했습니다.
우리의 간절한 염원이 있었고, 함께하는 법 동지가 있었기에 우리의 기도는 천 일 동안 행복했습니다.

교당 신축의 염원은 아직 이루어지지 않았습니다. 어쩌면 이제 다시 시작입니다. 우린 그 꿈을 향해 다시 뭉치고 열과 성을 다해 새로운 1,000일을 향해 나아갈 것입니다.

1,000일 동안 그 누군가의 소원 성취를 위해 기도하고 염원하는 것!

1,000일 동안 그 누군가가 나를 위해 기도하고 염원해 주는 것!
큰 은혜이고 축복입니다.

이제 또다시 새 마음으로 교당 신축이라는 거룩한 불사를 위해 소중한 당신의 건강과 행복을 위해 1,000일 동안의 기도를 시작하려 합니다.

이 마음 다해
이 정성 다해 기도합니다.

법신불 사은이시여!
하감下鑑하시고, 응감應鑑하소서.

○ 원기104년 1월 25일

고향 생각

2019년을 시작한 지 엊그제 같은데 벌써 한 달이 지나서 2월을 맞이했습니다. 정신없이 살기보단 정신 차리고 살려고 하였으나 지내놓고 보니 많은 후회가 뒤따릅니다.

며칠 후면 설 명절을 맞이하게 되는데요. 자연스레 고향故鄕을 떠올리게 됩니다. 예전만은 못하지만 그래도 고향집을 찾는 귀성길은 새가 둥지를 찾아 돌아가는 귀소본능과도 같습니다.

제 고향은 전북 장수인데요. 고향에 대한 애틋한 추억은 초등학교 6학년까지입니다. 그 이후로는 약간 번화한 읍내로 이사를 했기 때문이지요.

제 고향마을의 겨울은 온통 새하얀 흰색이었습니다. 눈이 많이 내렸고, 논에 물을 가둬 썰매를 탔고, 눈사람을 만들고, 눈싸움했고, 뒷산으로 토끼를 잡으러 가기도 했습니다. 아궁이 장작불에 고구마를 구워 먹기도 했고요. 요즘같이 추운 겨울철에 더욱 그리워지는 고향입니다.

고향은 가족과 함께 한 사진관입니다. 묵묵하게 뒷짐 지고 계시지만 아버지의 깊은 사랑이 있고, 온갖 것 다 챙겨주시는 어머니의 따뜻한 품이 있고, 때론 다투고 번잡스럽지만 서로 힘이 되어 주는 형제들이 있습니다. 그리고 뒷동산을 함께 뛰놀던 동무들이 있습니다.
정지용 시인은 〈향수〉에서
"그곳이 차마 꿈엔들 잊힐리야"라고 했죠.
고향이 그리운 건, 내 나이가 중년이 넘어가기 때문이겠지만 한편으로는 본능이라는 생각이 드는군요.

고향엔 남아 있는 것이 별로 없습니다. 친척도, 친구도 다 떠나갔습니다. 내 기억 속에 심어놓은 고향은 그리움과 좋은 추억만 있는 것도 아닙니다. 아픔도 있었고 회한도 있습니다. 그래도 이젠 그리움과 좋은 추억들이 고향을 가득 채우고 있습니다.

육신의 고향을 그리워하듯, 마음의 고향을 사모하고 찾아가는 오늘이고 우리이기를 기원합니다.

고향 가는 길
그리움과 추억
사랑과 정情으로 가득 행복하세요.

○ 원기104년 2월 1일

꽃이 일찍 피는 이유

입춘이 지났는데도 추위가 매섭습니다. 아직 2월이니 봄을 기대하는 것은 성급한 마음이겠죠. 그래도 '입춘立春'이라는 단어가 주는 봄에 대한 설렘은 추위 속에서도 따스한 느낌입니다.

교도님 댁을 방문했습니다. 화초 가꾸기를 좋아하는 교도님이시라 아파트에는 화분이 참 많았습니다. 빨갛게 핀 꽃이 제 눈에 들어와서 가까이 다가가니 철쭉이 화사하게 피어있더군요.

꽃이 일찍 핀 이유는 남쪽을 향해 있는 베란다의 따뜻한 기운과 주인장의 정성스러운 화분 돌봄 때문일 것입니다.

매서운 겨울철에도 온실에서는 꽃이 피어나고 철모르는 과일이 익어갑니다. 인간의 정성과 노력에 자연은 이렇게 인과의 차이를 나타냅니다.

꽃이 그냥 일찍 피는 건 아닙니다. 늦가을에 밑거름해 주고 꾸준하게 물과 영양분을 주어야 하죠. 베란다 창에 온도조절도 적당하게 해주어야 합니다.

우리네 삶도 마찬가지겠죠. 내 삶에 은혜의 꽃이 피기 위해서는 기도라는 밑거름도 필요하고, 일마다 불공하는 물주기도 빼놓지 말아야 합니다. 물론, 따스한 햇볕과 같은 진리의 빛도 꾸준해야죠.

어느 시인은 이렇게 노래했습니다.
"꽃이 피는 이유를
전에는 몰랐다.
꽃이 필 적마다 꽃나무 전체가
작게 떠는 것도 몰랐다."

꽃은 알 것입니다.
꽃나무 전체가 작게 떠는 것도
햇빛과 거름과 물의 고마움도
그 꽃을 기르는 따뜻한 주인장의 마음도….

○ 원기104년 2월 8일

자나 깨나 쉼 없이

제가 좋아하는 원불교 성가 중 기산 이현도 종사님이 쓰신 〈염원念願〉이 있습니다. 가사는 아래와 같습니다.

"자나 깨나 쉼 없이 님 찾아 헤매온
이 몸을 바치오니 살펴주소서
임이시여 갖고 있는 이 모든 것
아낌없이 바치오니 살펴주소서

작정코 향한 걸음 쉬지 않으려니
뜨거운 법력의 빛 내려 주소서
임이시여 길 잃을까 저어하오니
한량없는 지혜와 힘 내려 주소서"

원불교 교도님이시라면 대부분 이 성가를 아실 테고, 많이들 좋아하실 겁니다. 간절함이 그대로 묻어나는 가사에 멜로디 또한 그런 염원을 오롯하게 담고 있습니다.

자나 깨나 쉼 없이 아낌없이 바치는 염원!
그 염원은 진리를 향한 염원이고 그리움과 간절함을 담아 임께 드리고 바치는 헌신의 노래입니다.

나는 오늘 누구를 향하여 어떤 염원을 하고 있나요?
나는 오늘 임께 바치는 그런 염원을 자나 깨나 쉼 없이 계속하고 있나요?
간절한 염원이 될 때
나의 거룩하고 소중한 꿈은 이루어질 수 있습니다.

자나 깨나 쉼 없이
오매불망寤寐不忘!
그리움과 간절함으로 가득 채웁니다.

○ 원기104년 2월 15일

천일기도의 정성

이제 새로운 천일기도를 시작합니다.
이문교당 신축 불사와 개인 서원성취를 위한 천일기도가 오는 2월 24일(일) 결제식을 합니다. 지난 천 일을 마치고 새로운 천 일을 향해 힘찬 발걸음을 내딛습니다.

저로서는 원남교당에서 시작한 천일기도가 이곳 이문에서도 계속 이어져 2,150여 일이 되었습니다. 장장 6년이라는 세월을 신축 불사라는 명목으로 나름 기도의 정성을 들여왔는데요. 새로 시작하는 이 천일기도 기간 내에 원남교당과 이문교당 모두 신축 불사가 꼭 이루어지리라는 믿음을 갖습니다.

까마득할 것 같지만 지내고 나면 금세가 됩니다. 1부터 시작하여 10, 100, 500, 1,000을 이룰 것입니다. 날짜만 채우지 않고 이 기도 기간을 간절한 염원으로 적공의 시간으로 만들고 싶습니다. 정당한 서원을 세운 후 정성을 다하면 우리의 기도는 반드시 이루어진다는 것을 증명하고 싶습니다.

혼자 하는 기도가 아닙니다. 이문교당 교도만 하는 기도가 아닙니다. 신축 불사를 염원하는 수많은 호법 동지의 합심 합력으로 만들어가는 기도입니다.

제가 원남교당에 있을 때 모셨던 솔타원 황덕규 교무님께서는 기도 정성이 참 대단하셨지요. 저녁 8시만 되면 하루도 빠지지 않고 교당 옥상에 올라가 기도하셨습니다. 비가 오면 우산을 쓰고 눈이 오면 눈을 맞으며 기도하셨지요.

그런 기도의 정성과 원력이 뭉쳐서인지 기도 소리는 쩌렁쩌렁했고 힘차게 울리는 목탁 소리는 만 생명을 깨우는 듯했습니다.

누군가는 이렇게 말하기도 합니다.
"아이고, 고생이 많겠네."
고생이라는 생각은 전혀 없습니다. 교무로서 당연히 해야 할 일이고 기도하는 것이 저에겐 큰 기쁨이기도 합니다.

누군가를 위해 기도할 수 있다는 것!
매일 아침 기원인의 이름을 부르면서 법연을 맺을 수 있다는 것!
저에겐 큰 축복이고 행복입니다.

기도하겠습니다.
정성 다해 기도하겠습니다.
이문교당 신축 불사를 위해서 소중한 분들의 서원성취를 위해서 그리고 저를 위해 기도하겠습니다.
항상 함께해주심을 믿기에 오롯하게 바치겠습니다.
축원인의 출생, 건강, 대입, 취직, 진급, 쾌유, 천도, 사업 번영 등 각자의 소망들이 뜻과 같이 이루어지길 진심으로 기원합니다.

법신불 사은이시여!

하감하시고 응감하시옵소서.

크신 은혜와 위력으로 우리들의 서원을 이루어주소서.

청정 일심으로 비옵나이다.

○ 원기104년 2월 22일

독립선언서 獨立宣言書

오늘은 3.1절입니다. 올해는 기미년 만세운동이 일어난 지 100주년이 되는 뜻깊은 해입니다.
3.1 독립선언서는 "우리는 오늘 조선이 독립한 나라이며, 조선인이 이 나라의 주인임을 선언한다."라고 시작합니다. 이 선언이 매우 의미 있게 다가오는 것은 독립을 희망한다는 것이 아니라 "조선이 독립한 나라이다."라는 당찬 선언입니다.

아시다시피 1919년은 일제 강점기 상황이었죠. 주권을 빼앗긴 상실의 시대였습니다. 이 처절한 아픔 속에서도 꿋꿋하게 우리는 자주독립국임을 선언한 겁니다.

자주독립 自主獨立!

나는 스스로 주인이 되어 홀로 설 수 있는 인간인가!
내 주권을 다른 사람의 손에
내 주권을 물질에 빼앗기고 살지는 않는지 살펴봅니다.

힘이 없으면 빼앗기죠. 정신에 힘이 없으면, 육신에 힘이 없으면, 경제적으로 힘이 없으면 소중한 내 주권을 잃게 됩니다. 홀로 설 수 있으려면 자력을 양성해야 함을 잊지 말아야겠죠.

나의 독립선언서를 생각해 봅니다.
'나는 오늘 ○○○가 독립한 인간이며,
내가 나의 몸과 세상의 주인임을 선언한다.'

소태산 대종사님은 3.1 만세운동 소리를 들으시고 "개벽을 재촉하는 상두소리[상엿소리]니 어서 방언 마치고 기도드리자."라고 하셨습니다.
암울한 시대에 새로운 희망을 보시고 조선이 정신의 지도국, 도덕의 부모국이 된다고 전망하셨습니다.

새롭게 3.1 독립선언서를 읽어봅니다.
자유와 평등, 그리고 평화를 사랑하는 우리 민족!

이제 새로운 평화의 시대로 나아가는 발걸음을 내디딜 때입니다.
100년 전 우리 선조들이 힘차게 외쳤듯이 오늘 우리는 목 놓아
'자주독립'을 외쳐 봅니다.

"대한독립 만세!"
"자주독립 만세!"

○ 원기104년 3월 1일

미세먼지 주의보

요즘 미세먼지 때문에 신문이고 방송이고 난리입니다. 직접 미세먼지를 보고 마셔야 하는 우리야 오죽하겠습니까? 여러 가지 대책을 내놓고 있지만 임시방편으로 근본적인 해결책은 아닌 듯합니다.
이래저래 걱정이 참 많습니다. 가능하면 외출을 자제하고 나갈 때는 꼭 마스크를 쓰고 다녀야 하겠습니다.

우리 몸에도 맑고 깨끗한 공기가 필요하듯 우리 마음 하늘도 미세먼지가 없이 맑고 깨끗하면 좋겠습니다.
미세먼지가 멀리서 날아오기도 하고, 내가 나쁜 미세먼지를 만들어내기도 합니다. 큰 경계가 오면 마음 하늘이 온통 뿌옇게 되고 작은 경계가 오더라도 보이지 않는 먼지로 가득 찹니다.

미세먼지의 근본적인 대책은 미세먼지가 발생하지 않도록 하는 것이겠죠. 청정한 공기를 많이 만들어내고 한편으로는 유해 가스가 생산되지 않도록 하면 됩니다.

우리의 청정 마음 나라 관리법도 마찬가지입니다. 밖으로 선업을 많이 지어 번뇌 망상을 일으키는 원인을 최대한 줄이고, 안으로는 본래 청정한 자성自性에서 발현되는 맑고 깨끗한 기운을 마구 뿜어내는 것이지요.
샘물이 흐린 물을 깨끗하게 정화하듯 선禪과 염불은 맑고 깨끗한 마음 하늘을 가꾸어 줍니다.

당신의 마음 하늘이
항상 맑고 깨끗하여
마음 놓고 숨 쉴 수 있기를 기원합니다.

○ 원기104년 3월 8일

국타원 이정환 정사님 영전에

국타원님! 우리 국타원님!
수도원 방문을 열고 들어가면 "아~ 박 교무! 어서 와. 보고 싶었어."하고 환하게 웃으며 반기시던 모습이 떠오릅니다.
과일을 깎아 내시고, 커피를 타시고, 맛난 음식 먹으라 권하시며 좋아하시던 모습. 이젠 이렇게 영정 사진으로만 뵙는다는 이 사실이 너무 허전하고 슬픕니다.

제가 첫 부임지인 모현교당에서 3년간 모셨던 인연으로 이렇게 26년을 이어 사제의 정을 나누었지요. 저에겐 모든 것이 서툴고 어설펐던 부교무 시절, 국타원님께서는 때로는 엄한 훈계로, 때로는 따뜻한 자비의 품으로 하나에서 열까지 세세하게 가르쳐 주셨지요. 저는 국타원님을 어머니로 모셨고, 국타원님께서도 저를 아들처럼 생각하셨습니다.

국타원님!
밝은 웃음과 편안함, 맛있는 음식을 뚝딱 만들어 부담 없이 나누는 소탈함과 인정에, 많은 교무님이 편하게 쉬어 가셨지요.

커피를 무척이나 좋아하셨던 국타원님! 저에게는 웃으시며 "박 교무! 나 죽으면 제사상에 커피 한잔 올려주면 돼." 하셨는데, 이

제 와 생각하니, 커피 맛보다는 저와 커피를 마시며 다정하게 소통하며 살고자 하셨던 국타원님의 넓으신 마음이라 생각됩니다.

국타원님!
익산 창인동에서 지금의 모현동 교당으로 신축이전하기까지 그 어려운 과정을 우리가 함께 하였지요. '교당신축 권선문'을 돌리고, 영광에서 굴비를 떼어다가 교도님들과 익산 시내를 누비며 굴비 장사를 했고, 청년회에서는 상장사를 해 건축비에 보탰지요. 이런 고생을 오히려 달다고 하시고 교당 신축에 매진하던 모습, 언제나 활기차고 따뜻하고 다정한 모습에 교도님들과 혼연일체가 되어 그 불사를 이뤄냈습니다.

스승님께서는 위암 수술을 받으시고도 교당을 지키셨고, 시간만 나면 교도 가정 순교와 기원 독경을 하셨고, 교도님들에게 인정과 법정을 나눴던 자비 교화를 실천하셨습니다. 그 당시 허허벌판이었던 모현동 일대가 지금은 대단위 아파트단지가 들어선 교화터전이 되어 익산의 중심 교당이 되었습니다.

국타원님께서 저에게 가끔 해주신 말씀을 지금도 큰 법문으로 간직하고 있습니다. "박 교무! 젊었을 때 힘 잡아야 해." 그땐 그 말씀이 그렇게 절실하지 않았는데, 50대 중반을 향해 가는 이 나이에 큰 가르침으로 다가옵니다.
국타원님! 법력 갖추라는 그 말씀! 앞으로도 더욱 보감 삼아 정진적공 하겠습니다.

국타원님께서는 화려한 꽃길을 걷지 않으시고 들에 핀 들국화처럼 서성로, 불갑, 좌포, 산서, 화해, 신현, 모현 교당 등 크게 드러나지 않은 교화 현장에서 맑은 향기를 품어내셨지요.

교도님들께는 고향의 어머니 품처럼 따뜻하였고, 언제나 쾌활하시어 웃음꽃이 가득한 교화 현장이었습니다. 국타원님께서 베풀어주신 깊고 오랜 사랑은 제가 교화 현장에서 어떻게 교화해야 하는지 표준이 되고 있습니다.

국타원님!
평상시 염불처럼 "우리 대종사님 은혜가 아니었으면 어찌 이 행복을 누릴 수 있겠는가. 뵙고 싶은 우리 대종사님! 우리 대종사님! 감사합니다. 감사합니다." 하셨지요. 88세까지 팔팔하게 살다가 다음 생에도 전무출신 하겠다는 서원을 세우셨는데, 그렇게 사시다 가셨으니 행복하게 다녀오신다는 평소 소원 그대로 편안히 다녀오십시오.

국타원님!
그리운 마음의 고향 총부에도 새봄이 왔습니다. 꽃들이 피어나고 새들이 지저귀는 낙원 동산입니다. 환한 웃음 지으며 다시 오실 것을 기다리겠습니다.

저희 또한 국타원님 가신 길 따라 소태산 대종사님 일원교법 전하는 전무출신 교화자로 보은하겠사오니, 오시는 걸음걸음, 만

중생 살리고 키워주는 춘풍화기의 큰 성자로 오시옵소서.
국타원 이정환 정사 존영이시여! 조감하시옵소서.

원기104년 3월 15일
전무출신 대표 박덕희 올림

○ 원기104년 3월 15일

봄이 오나 봄

한 방송사 드라마 제목인데요. 사실, 전 이 드라마를 한 번도 본 적이 없습니다. 당연히 어떤 내용인지도 전혀 모르고요. 다만 제목이 주는 신선함으로 제 머릿속에 기억된 봄의 메시지입니다.

'봄이 오나 봄'

그 시작은 아마도 추운 겨울이었을 것입니다. 시간이 흐르고 흘러 온갖 추위와 어려움을 거치고 거쳐 새봄의 희망과 기대를 담고 있는 것 같습니다.

'봄이 오나 보다'

확신은 아니고 그렇다고 막연함도 아닌 작은 희망의 싹이 터오는 느낌입니다. 봄은 그렇게 오고 그렇게 자리를 잡아가는 것 같습니다.

'봄이 오나 보다'가 이젠 '봄 봄 봄, 봄이 왔어요'가 되었습니다. 기대와 희망이 현실이 되었습니다.

피부로 느끼는 봄은 아직은 차갑지만, 눈으로 보는 봄은 아름답습니다. 색깔이 변하기 때문입니다. 노란 개나리가 피어나고 하얀 목련이 꽃망울을 터트리려 합니다.
봄꽃들을 보면서
봄의 꽃은
스스로 피는 게 아니라
터지는 것 같다고 생각했습니다.

추운 겨울을 지내고 난 뒤에 생명의 에너지를 함축했다가 터트리는 것이지요. 혼자 힘으로가 아니라 천지의 기운을 모아서 말이죠.

우리 마음에도
봄이 오고
봄꽃들이 피어나면 좋겠습니다.

겨울을 지낸 꽃이 더 아름답듯이 시련과 고통을 지낸 뒤에 피는 인생 꽃은 더 진한 향기를 내뿜습니다.

봄이 왔습니다.
봄꽃이 예쁘게 피었습니다.
다정하게 손잡고 봄맞이 가시지요.

○ 원기104년 3월 22일

세상에 공짜는 없다

"공짜라면 양잿물도 마신다."라는 말이 있습니다. 공짜는 누구나 다 좋아한다는 뜻인데요. 작은 것이라도 공짜라면 줄을 서서 받아 가려고 합니다. 저도 공짜를 그렇게 좋아하지는 않지만, 꼭 싫어하지만도 않는 것 같습니다.

그런데, 공짜 좋아하다가 큰코다치는 수가 있습니다. 공짜가 절대 공짜가 아닌 경우이지요. 심지어 나중에 폭탄이 되는 일도 있습니다. 공짜 술, 공짜 골프, 공짜 편의 등 공짜의 대가가 무서운 결과를 낳기도 합니다.

'세상에 공짜란 없다.'

세상을 좀 살아본 사람들은 고개를 끄덕일 겁니다. 거저 얻어지는 건 없습니다. 무언가를 얻기 위해서는 희생이 따르기 마련입니다. '운', '재수'라 말할 수도 있지만, 그것은 노력과 땀이 가져다준 결과물입니다.

'등가교환의 법칙'이라는 것이 있는데요. 본래의 뜻은 '동일한 가치를 갖는 두 상품의 교환'을 말합니다. 세상사에 적용해 보면, 무언가를 얻고자 한다면 그에 상응하는 대가를 치른다는 뜻입니다.

인과에 조금이라도 눈뜬 사람은 공짜로 받는 것을 빚이라고 생각합니다. 지금 당장은 좋을지 몰라도 나중에 꼭 갚아야 하는 것이지요.

세상에 공짜는 없습니다. 뿌리지 않으면 거둘 것이 없고, 받으면 줘야 하고, 오는 것이 있으면 가는 것이 있어야 하고, 얻은 것이 있으면 그에 따른 책임이 따릅니다.

그런데 천지자연은 우리에게 공짜로 모든 것을 내어줍니다. 하늘의 공기, 땅의 바탕, 바람과 비와 이 봄에 상큼하게 피어나는 꽃들도 아낌없이 베풀어줍니다.

그런데, 깊이 생각해 보면 우리는 천지자연에 큰 빚을 지고 있는지 모릅니다. 공짜 좋아하다가 정말 큰코다치는 때가 오는 거지요.

그래도 요즘 아름답게 피어나는 봄꽃들이 베풀어주는 공짜 선물은 맘껏 받고 싶습니다.
양심상, 감사의 마음을 잊어서는 안 되겠죠?

○ 원기104년 3월 29일

4월의 노래

박목월 시인의 〈사월의 노래〉라는 시가 있습니다. 가곡으로도 만들어져 많은 사람의 애창곡이기도 하죠. 고등학교 음악 시간에 불렀던 이 노래가 4월이 되면 자연스럽게 흥얼거리는 노래가 되었습니다. 특히 목련꽃이 필 때면 이 노래도 따라 피어납니다.

1절만 음미해 보면 다음과 같습니다.

"목련꽃 그늘 아래서 베르테르의 편지를 읽노라
구름 꽃 피는 언덕에서 피리를 부노라
아 아 멀리 떠나와 이름 없는 항구에서 배를 타노라.

돌아온 4월은 생명의 등불을 밝혀준다
빛나는 꿈의 계절아 눈물 어린 무지개 계절아."

요즘 목련꽃이 한창입니다. 하얀 목련이 필 때면 다시 생각나는 사람이 있기도 하고, 봄비 내리는 거리를 홀로 걷고 싶은 생각이 나기도 합니다. 순백의 꽃을 보노라면 '나도 저 꽃처럼 깨끗하고 순수해야 할 텐데'라는 생각을 해봅니다.

꽃잎이 날개를 활짝 펴면 나무 전체가 구름 꽃이 되죠. 그렇게 큰 꽃송이가 나무에 가득 피니 아마도 그 무게를 견뎌내기가 힘들었겠지요. 그래서 목련꽃은 있는 힘을 다해서 확 피었다 확 떨어지는가 봅니다.

시인은 '돌아온 4월은 생명의 등불을 밝혀준다'고 노래했습니다. 요즘 거리마다 벚꽃이 만개하고 있습니다. 봄꽃들의 잔치가 한창이고 연녹색 잎들이 앞다투어 피어나고 있습니다. 생명의 등불, 생명의 축제가 벌어지고 있습니다.

우리 원불교인에게 있어 4월은 좀 더 특별합니다. 소태산 대종사님의 대각과 원불교가 열린 '대각개교절大覺開教節'이 있기 때문입니다. 깨달음의 꽃, 은혜의 꽃이 활짝 핀 4월입니다.

봄꽃들이 화사하게 피어나듯
깨달음의 꽃, 은혜의 꽃이
이곳저곳에서 마구마구 피어나면 좋겠습니다.

우리가 부르는 4월의 노래가
기쁨과 행복으로 충만한 노래이길 기원합니다.

○ 원기104년 4월 5일

말과 수레

소나 말이 수레[구르매]를 끄는 모습은 어릴 적 시골 마을의 정겨운 풍경입니다. 농사일을 하러 갈 때도, 읍내로 장을 보러 갈 때도 수레는 중요한 운송 수단이었습니다. 요즘에는 경운기가 그 일을 대신하고 있어 수레는 박물관이나 사진으로밖에 볼 수 없습니다.

말이 수레를 끌지, 수레가 말을 끌지는 않습니다. 말이 가매 수레가 자동으로 따라갑니다.

원불교『대종경』법문을 보면 소태산 대종사와 제자 간에 아래와 같은 대화가 오고 갑니다.

"수레가 가다가 가지 아니할 때에는
말을 채찍질하여야 하겠느냐, 수레를 채찍질하여야 하겠느냐?"
"말을 채찍질하여야 하겠나이다."
"말을 채찍질하는 것이 곧 근본을 다스림이라, 사람이 먼저 그 근본을 찾아서 근본을 다스려야 모든 일에 성공을 보느니라."

무엇보다도 근본을 다스려야 성공한다는 가르침인데요. 근본을 놓고 끝을 쫓거나 매달리는 경우가 있습니다. 현실에 있어서는 수레를 채찍질하는 어리석음을 범하곤 합니다.

남을 바루기보다는 먼저 나를 바루고, 육신을 다스리기보다는 먼저 마음을 다스리고, 권모술수를 쓰기보다는 먼저 도덕을 내세우고, 물질을 쫓기보다는 먼저 정신을 바로 세우는 것!

본립이도생 本立而道生!
근본이 바로 서야 도가 나타난다고 했습니다.
근본을 다스려야 그 끝도 성공합니다.

"말을 채찍질하여야 하겠느냐
수레를 채찍질하여야 하겠느냐?"

채찍질하지 않아도 가는 말을 길들이면 좋겠습니다.
결국 말도 사람이 다루는 대로 갑니다.
나 자신을 다스리는 것이 급선무입니다.

○ 원기104년 4월 12일

블랙홀 [black hole]

얼마 전에 그동안 상상 속에만 그려보았던 블랙홀의 모습이 전파망원경으로 촬영되어 그 모습을 볼 수 있었습니다. 지구에서 5,500만 광년 떨어져 있고, 지름은 160억㎞, 질량은 태양의 65억 배에 이른다고 하니 그 어마어마한 크기와 힘은 그저 놀라울 따름입니다.

누구나 다 알고 있는 바와 같이 블랙홀은 강한 중력으로 인해 빛마저도 빨아들인다고 합니다. 그래서 실제 관측은 어렵고 그 그림자를 통해 블랙홀의 모습을 찍을 수 있었다는 건데요.

영국의 천체물리학자 스티븐 호킹 박사는 블랙홀은 별들의 최후일 뿐 아니라 우주가 탄생한 시작점이기도 하다는 이론을 폈습니다.

'블랙홀!'
모든 것을 빨아들이는 강력한 힘!

우주에만 블랙홀이 있는 것은 아닙니다. 보면 볼수록 빠져드는 사람이 있고, 하면 할수록 빠져드는 일이 있고, 배우면 배울수록 빠져드는 공부가 있습니다.

나는 지금
어떤 사람에게
어떤 일에
어떤 공부에 빠져 있나요?

빠져들게 되는 데에는 특이점特異點이 있습니다.
무언가 특별히 다른 점!
사실 이것이 빨아들이는 힘입니다.

그런데요. 묘한 것은 빠져들면 사라지는 것이 아니라 뭔가 새롭게 생겨난다는 것입니다.

우리 수행도 마찬가지인 것 같아요. 선정禪定에 들게 되면 맑고 깨끗한 자성自性의 블랙홀이 우리의 번뇌 망상과 사심 잡념을 일순간에 다 빨아드립니다.

선력禪力이 뭉치고 뭉치면 더욱 강하고 빠르게 빨아들이게 됩니다.

주관과 객관, 시간과 공간이 사라지지만 오히려 나의 몸과 마음은 순수한 생명의 에너지로 가득 차게 되죠.

우주의 블랙홀도
마음의 블랙홀도 진공眞空이면서 묘유妙有입니다.
모든 것을 다 빨아들이기도 하고 모든 것을 다 내놓기도 합니다.

이제, 광활한 마음 우주가 펼쳐내는 신비한 블랙홀을 체험하시기를 바랍니다.
빠져봐야 그 신비감을 알 수 있습니다.

　　　　　　　　　　　　　　　○ 원기104년 4월 19일

깨어나면서 던진 한마디

어제 신문에 난 기적 같은 기사인데요. 교통사고로 혼수상태에 빠진 여성이 27년 만에 깨어나며 아들 이름을 불렀다고 합니다. 당시 32세였던 이 여성은 사고 순간 아이를 온몸으로 감싸안았고, 덕분에 아이는 무사했으나 어머니는 뇌를 크게 다치고 혼수상태에 빠져 무려 27년간이나 식물인간으로 살아야 했습니다.

이 여인은 깨자마자 아들인 "오마르"를 불렀고, 그 자리엔 32세가 된 아들이 어머니를 병간호하고 있었습니다. 아들은 "어머니가 언젠가는 깨어날 것이란 믿음을 절대로 포기하지 않았다."라고 합니다.

이 기사를 접하고 몇 가지 생각이 듭니다.

사고 순간 자기 몸을 돌보지 않고 온몸으로 아이를 감싸안은 어머니의 희생정신! 27년간이나 포기하지 않고 어머니가 깨어날 것이라는 믿음을 포기하지 않은 아들의 정성!

그런데요. 저에겐 깨어나면서 맨 처음 던진 아들의 이름 "오마르"가 감동적으로 다가옵니다. 교통사고의 순간 가장 애타게 불렀을 그 이름을 27년간의 침묵을 깨고 불렀던 것이지요. 최후의 일념이 최초의 일념으로 이어진 겁니다.
식물인간 상태에서 의식이 어느 정도 있는지는 모르지만, 아마도 27년간 어머니의 의식엔 아들을 걱정하는 마음으로 가득 찼을 것입니다. 그 간절한 마음이 다시 살아나는 기적을 만들어냈고, 그토록 불러보고 싶었던 아들의 이름을 외쳤을 것입니다.

최후의 한 생각이 최초의 한 생각이 된다고 합니다. 잠자기 전 어떤 생각을 하고 잤느냐에 따라 아침에 일어나 어떤 생각으로 시작하느냐가 결정됩니다.
죽음의 순간 마지막 청정한 한 생각이 태어날 때 맑고 깨끗한 한 생각으로 새로운 생을 시작합니다. 그래서 최후 일념을 잘 챙기라 하셨지요.

104년 전, 영광 땅 길룡리에도 개벽의 큰 외침이 있었습니다.
1916년 4월 28일 봄날의 이른 아침, 소태산 대종사는 20여 년 구도의 긴 침묵을 깨고 큰 깨달음의 함성으로 온 우주와 일체 생령을 향해 외칩니다.

"만유가 한 체성이요 만법이 한 근원이로다.
이 가운데 생멸 없는 도와 인과 보응되는 이치가 서로 바탕하여 한 두렷한 기틀을 지었도다."

○ 원기104년 4월 26일

백 년을 살아보니

최근에 연세대 철학과 김형석 명예교수의 책, 『백년을 살아보니』를 읽었습니다. 1920년에 태어나셨으니, 올해로 100세가 되는 노철학자이십니다.

책의 목차를 큰 줄거리로 살펴보면,
1. 똑같은 행복은 없다[행복론]
2. 사랑 있는 고생이 기쁨이었네[결혼과 가정]
3. 운명도 허무도 아닌 그 무엇[우정과 종교]
4. 무엇을 남기고 갈 것인가[돈과 성공, 명예]
5. 늙음은 말없이 찾아온다[노년의 삶]

한 사람이 지내 온 100년의 세월을 삶의 지혜로 정리한 인생철학서입니다. 난해한 철학 용어가 아닌 내가 살아보니, 내가 경험해 보니 이렇더라는 소박한 삶의 고백이자 새겨들어 볼 만한 인생 교훈입니다.
한마디로 김형석 교수의 인생철학이 담겨 있다고 볼 수 있지요.

우리에겐 각자의 인생이 있고 해마다 채워지는 삶의 경험과 무게가 있습니다. '살아보니'를 나의 인생살이에 대입해 보면,
40년을 살아보니, 50년을 살아보니, 60년을 살아보니….

이렇게 되겠지요.

저의 경우 분명한 것은, 30대에 바라보았던 세상과 나이 50이 넘어서 바라보는 세상은 다르다는 것입니다. 대표적으로 몇 가지만 생각해 보았는데요.

빠름보다는 느림을, 많은 것보다는 적은 것을, 형식보다는 알맹이를, 아등바등한 삶보다는 여유로운 삶을, 눈앞에 그것보다는 깊고 넓은 시야를, 내 욕심만을 채우기보다는 다른 사람과 함께 나누는 것을 생각해 봅니다.

그런데 나이를 먹는다고 해서 저절로 삶의 지혜가 넓어지고 깊어지는 것은 아닌 듯합니다. 인생 경험이 삶의 지혜가 되기 위해서는 밝은 눈이 필요하고, 곱씹어 보는 성찰이 필요하고, 온몸으로 체득하는 실천이 필요합니다.

인생을 살아가다 보면 철들지 못했던 생각과 행동도 갈팡질팡하는 시행착오도 있습니다. 그래도 세월이 쌓임에 따라 늙어가는 것이 아니라 조금씩 익어감을 느낍니다.

『백년을 살아보니』
어느 노철학자의 인생 교훈서가 아닌 내 인생의 지혜로 삼을 책이 되길 기원합니다.

○ 원기104년 5월 3일

부처님오신날

'부처님오신날'은 기독교의 크리스마스와 함께 인류의 최대 경축일 중 하나입니다. 부처님이나 예수님 같은 분들은 인류의 구원과 구제의 뜻을 품고 우리에게 오신 성자_{聖者}이십니다. 원불교에서는 석가모니 부처님을 연원불로 모시고 부처님오신날을 함께 경축합니다.

부처님이 이 땅에 오심은 우리 모든 어리석은 중생들에게 무지에서 벗어나 깨달음의 밝은 빛으로, 고통에서 벗어나 자비와 은혜로 살아가라는 뜻입니다.
부처님께서는 "삼계가 모두 괴로움이니 내가 마땅히 편안하게 하리라." 하셨습니다.

그래서 우리는 부처님오신날을 맞이하여
깨달음의 등불을 켜고
자비의 등불을 밝히고
소원의 등불을 밝혀 올립니다.

부처님은 2563년 전에만 오신 것이 아닙니다. 소태산 대종사님께서는 처처불상處處佛像이라 하셨으니, 모두가 부처님이요, 모든 것이 은혜 아님이 없습니다. 너도 부처요, 나도 부처입니다.

우리 곁에 이미 부처님이 와 계십니다.

특별히 '부처님오신날'을 맞이해서
거룩하신 부처님께서
내 마음에 자비로 오시고
이 세상에 평화로 오시길 간절히 기원합니다.
○ 원기104년 5월 10일

그 입, 씻고 오라

정류장에서 버스가 오기를 기다립니다. 한참 동안 기다려야 해서 의자에 앉았죠. 옆에서 고등학생 정도 되어 보이는 남학생 둘이 핸드폰을 보면서 신나게 얘기를 하고 있습니다. 웃고 깔깔거리며 하는 대화의 절반은 쌍스러운 욕들로 채워집니다.

남학생이건 여학생이건, 요즘 청소년들은 욕을 입에 달고 사는 것 같습니다. 욕을 섞지 않으면 대화가 안 되는 건지….
싸울 때 욕을 하는 것이 아니라 그들의 일상 언어가 된 듯하여 참 안타깝고 씁쓸합니다.

예전에 우리 집 아이들의 입에서 욕이 자연스럽게 튀어나오는 것을 보고 깜짝 놀란 적이 있습니다.
'아니, 내가 애들 앞에서 욕을 한 적이 없는데….'

충격적이었지만 한편으로 생각하니 또래들로부터 욕을 배웠을 테고 학교생활이 하루의 반절이다 보니 어찌할 수도 없겠다고 생각했던 적이 있습니다.

그래도 아이들에겐 일상적으로 욕을 하는 것을 못 하게 가르치고는 있습니다.

욕을 하는 아이들의 심리가 무엇일까도 생각해 봤습니다.

좀 세 보이려고 하는 건지, 너도 하는데 나도 한다는 경쟁 심리인지는 몰라도 욕을 아무렇지도 않게 거침없이 한다는 것이 언어습관으로는 바람직하지 않습니다.

아주 오래전 고등학교 때로 기억하는데요.
학교에서 욕하는 학생을 불러서 선생님께서 이렇게 말씀하셨습니다.

"너, 그 입 씻고[헹구고] 와."

더럽고 쌍스러운 욕을 입에 담았으니 그 입을 씻고 오라는 혼냄이었습니다. 입을 씻는다고 해서 한 번 뱉어낸 욕이 씻어지는 것은 아닐 터입니다. 그래도 그때 선생님의 지혜로운 가르침은 저의 뇌리에 깊이 박혀 교훈이 되고 있습니다.

깨끗이 씻어내야 할 것이 욕설만은 아닐 것입니다. 거짓말, 망령된 말, 속이는 말, 상대방을 아프게 하는 말 등 입에 담아서도 안 되고 귀로 듣기에도 거북한 말들이 넘쳐납니다. 어떤 현인은 듣지 말아야 할 말을 들으면 귀를 씻었다고 합니다.

말은 습관이고 그 사람의 인격입니다.
어떤 말을 어떻게 담느냐에 따라 품위와 품격이 달라집니다.

말하는 것, 말을 듣는 것 다 공부 아님이 없습니다.
상대방을 존중하고 예를 갖춰서 말할 때 나의 인격도 상대방의
인격도 함께 올라갑니다.

"그 입, 씻고 오라."

말할 때마다 챙겨보는 경구입니다.

○ 원기104년 5월 17일

서울역 밥차 봉사

지난 수요일에 서울역 밥차 봉사를 다녀왔습니다. 1년에 한두 번 정도는 참여하고 있는데요. 다녀오고 나면 왠지 모르게 기분이 좋아집니다.

노숙자나 일용직 노동자들에게 따뜻한 밥 한 끼를 대접하는 이 봉사활동은 원불교 봉공회에서 주관하고 있습니다. 매번 약 400명 정도가 식사를 드시고 함께하는 자원봉사자는 30명 정도라고 합니다.

저에게 부여된 일은 밥과 반찬을 담아다가 그분들에게 식사를 날라다 드리는 것이었는데요. 배고픔을 해결하기 위해서인지 대체로 밥의 양이 많았습니다. 김치, 호박 나물, 김치전, 어묵국에 그날은 제주도 오메기떡까지 한 끼 식사로는 모자람이 없는 식단이었습니다.

'한 끼 식사!'

어느 누군가에겐 살기 위해 먹는 식사일 수 있습니다. 힘들고 지쳐있던 몸과 마음에 약간의 활기를 주고 팍팍한 삶의 무게를 견디고 지탱해 줄 수 있는 안도의 한 끼일 수 있기에 소중한 생명의 밥입니다.

저에겐 '체험 삶의 현장' 정도의 참여인지라 조금 있으니 다른 곳으로 보내졌습니다. 그곳에서는 설거지를 맡게 되었는데요. 접시와 국그릇에 묻어있는 물을 행주로 닦는 작업을 했습니다. 봉사자들은 한두 번 해본 솜씨가 아니라, 말도 필요 없이 각자의 일들을 능수능란하게 해냈습니다.

바삐 움직여야 하는 일속에서 잠깐이지만 사상선事上禪의 기쁨을 맛보았습니다. 접시와 그릇을 닦는 일에 일심一心이 되니 잡념과 망상은 없고 그 일과 내가 하나 되어 움직였습니다. 봉사자들의 얼굴을 보니 편안하면서도 기쁨이 배어 나오는 모습이었습니다.

봉사[봉공]는 몸과 마음으로 베푸는 선행입니다.
돈이나 물질적인 희사도 큰 선행이지만 땀 흘리며 누군가에게 도움을 준다는 것은 진실하고 아름다운 선행입니다.

그러나 정작 당사자들은 그것을 선행이라 생각하지 않고 내가 좋은 일 했다는 생각을 갖지 않습니다. 그 자리가 보은의 일터라 생각하는 거지요. 그래서 그분들의 활동은 진정한 무아봉공無我奉公입니다.

한두 번의 봉공[봉사]은 누구든지 할 수 있습니다. 그러나 매주,

그것도 10년 이상을 꾸준히 한다는 것은 어려운 일입니다.

누군가의 배고픔을 달래기 위해
누군가에게 희망의 끈이 되기 위해
소리 없이, 상相 없이 열심히 봉공하시는
서울역 밥차 봉사 교도님들께 힘찬 박수를 보냅니다.
여러분들이 계셔서 다행입니다.
여러분들이 계셔서 이 사회가 아름답습니다.
여러분들이 계셔서 세상이 희망입니다.

진심으로 감사합니다.

○ 원기104년 5월 24일

둘,
둥근 달이 떠오르면

고추장이 발라진 식빵

월요일 아침, 출근 준비로 바쁜 정토가 식빵에 딸기잼을 발라달라고 부탁합니다. 냉장고 문을 열고 딸기잼을 꺼내 골고루 적당하게 나름대로 정성을 다해서 발랐습니다.

유기농 딸기잼이라 귀한 것이라는 말을 들었기 때문에 색깔과 촉감이 약간 이상하긴 했으나 유기농이라 그런가 보다 했습니다.
한 다섯 개 정도를 발랐을 때 정토가 다가와 "이것, 딸기잼 맞아요?" 묻습니다.
급히 살펴보더니 "이거, 고추장인데. 지금 뭐 하고 있느냐!"고 말합니다.
"그래. 이게 고추장이야?!"
"아이고, 이게 뭔 일이래. 난 딸기잼인 줄 알았지."
식빵이 아까웠지만 제가 실수한 것이라 화를 낼 수도 없고, 아무튼 난데없이 황당한 상황이 되어버렸습니다.

문제는 고추장이 담긴 용기와 딸기잼이 담긴 용기가 거의 같았기 때문에 벌어진 일이었습니다. 그렇지 않아도 큰아들 원준이도 진작에 용기 때문에 헷갈릴 수 있겠다고 말했다는 겁니다.
그 헷갈림을 내가 바로 증명했으니….

다행히 식빵 몇 개가 남아 있어서 고추장이 아닌 오리지널 유기농 딸기잼으로 아내와 아들을 위해 식빵 몇 개를 발라 줄 수 있었습니다. 그래도 다섯 개나 발라 논 식빵이 아까워 고추장이 발라진 그 위에 잼을 얹어 먹어봤습니다. 물론 한 개 이상은 먹을 수 없는 그런 이상야릇한 맛이었습니다.

세상을 살아가면서 이런저런 착각을 하고 그 착각으로 인해 실수도 많이 합니다. 어이없는 착각을 할 만큼 헷갈리는 상황들도 참 많습니다.
이게 그것 같고, 그게 이것 같습니다. 겉만 보고 속도 내가 생각한 모습이라고 착각합니다. 겉만 보고는 속을 예단해 버리는 실수를 하곤 합니다.
저처럼 식빵에 고추장을 바르는 한바탕 웃어넘길 수 있는 실수와 착각 정도면 괜찮겠지요.

가장 큰 착각은 참과 거짓의 착각입니다. 착각하지 않기 위해서는 잘 살펴보는 것이 중요한데요. 착각이 아닌 진실을 바로 볼 수 있는 눈, 겉모습이 아닌 속까지 정확히 볼 수 있는 혜안이 필요합니다.

속단하지 말고, 한쪽만 보지 말고
좀 늦더라도 실상을 제대로 볼 수 있는
텅 빈 마음에서 여실히 직관할 수 있는 밝은 눈이 필요합니다.
그 밝은 눈을 갖기 위해 우리는 오늘도 마음공부를 합니다.

○ 원기104년 5월 31일

화재보험

며칠 전 지인으로부터 보험과 관련된 한 사연을 듣게 되었습니다. 식품 중매업을 하시는 사장님이 건물에 화재보험을 들어놓다가 아까운 마음이 들어 보험을 해지하고 난 뒤 바로 화재를 당했다고 합니다.

본인 건물은 물론 옆 건물까지 다 전소된 바람에 전 재산을 잃게 되었고, 어쩔 수 없이 위장이혼까지 하게 되어 사랑하는 가족과도 헤어지게 되었답니다. 더욱 안타까운 것은 얼마 전, 삶을 비관하여 스스로 생을 마쳤다고 합니다. 화재 보험료를 조금 아끼려다가 모든 것을 잃게 되었던 것입니다.

만약을 대비해서 보험을 들게 되죠. 사고 또는 질병은 예고 없이 찾아오기 때문에 지금 당장은 손해 보는 것 같지만 미래를 위해 투자하는 것이 바로 보험입니다.
저 같은 경우도 보험 몇 개가 들어있는데요. 그런 상황이 안 일어나면 더 좋겠지만 보험이 들어있어서 그런지 왠지 안심되는 느낌입니다.

소태산 대종사께서 당시 서울 박람회에서 화재보험 회사의 선전 시설을 보시고 한 감상을 말씀하십니다.

"만일 사람이 한 번 죽으면 다시 회복되는 이치가 없다고 생각할 진대 죽음의 경우를 당하여 그 섭섭함과 슬픔이 얼마나 더하리 오. 이것은 마치 화재보험에 들지 못한 사람이 졸지에 화재를 당 하여 모든 재산을 일시에 다 소실한 것과 같다 하리라.

그러나 그 원리를 아는 사람은 이 육신이 한번 나고 죽는 것은 옷 한번 갈아입는 것에 조금도 다름이 없을 것이니 변함에 따르 는 육신은 이제 죽는다고 하여도 변함이 없는 소소한 영식은 영 원히 사라지지 아니하고, 또다시 다른 육신을 받게 되므로 그 일점의 영식은 곧 저 화재보험 증서 한 장이 다시 새 건물을 이 뤄내는 능력이 있는 것 같이 또한 사람의 영생을 보증하고 있나 니라."

어찌 세상의 화재보험뿐이겠습니까. 생사 보험, 역경 보험, 행 복 보험 등 각자의 처지와 상황에 꼭 필요한 인생 보험들이 있습 니다.

제가 생각하는 최고의 보험은 원불교에서 운영하는 일원상 보험 입니다. 일원상 보험은 종합보험이라 모든 재난과 사고를 미리 대비할 수 있기 때문입니다.

일원상 보험은 저 둥그신 일원상 부처님을 믿고 닮아가는 것인데 요. 평소 마음공부를 열심히 하고 복 짓는데 부지런하면 웬만한 인생의 고난에도 꺾이지 않고 힘차게 다시 일어설 수 있습니다.

저는 일원상 보험에 매일 또는 매달 보험료를 넣고 있습니다. 밀리지 않고, 중도 해약하지 않고 꾸준히 성실 납부자가 되고자 합니다.

오늘 원만이의 편지는 300번째 배달이 됩니다.
긴 여정을 함께 했습니다. 쉽지 않은 길을 걸어왔습니다.
기쁨과 보람이 있기도 했지만,
긴장과 압박감으로 힘들기도 했습니다.

그래도 지금까지 이어져 올 수 있었던 힘은,
원만이의 편지에 따뜻한 격려와 성원을 보내주신
모든 벗 덕분입니다.
300번째 편지에 특별히 감사의 인사를 올립니다.

당신의 건강과 행복을 마음 다해 기원합니다.

○ 원기104년 6월 7일

모두가 꽃이야

"산에 피어도 꽃이고 들에 피어도 꽃이고
길가에 피어도 꽃이고 모두 다 꽃이야

아무 데나 피어도 생긴 대로 피어도
이름 없이 피어도 모두 다 꽃이야

봄에 피어도 꽃이고 여름에 피어도 꽃이고
몰래 피어도 꽃이고 모두 다 꽃이야"

TV에서 들려오는 어린이 동요입니다. 꼬마 아이 셋이 부르는 이 노래에 한참 마음이 머뭅니다. 이전에 알았던 노래이기에 함께 흥얼거렸습니다. 티 없이 맑은 아이들의 목소리에 마음이 맑아지고 입가엔 작은 웃음꽃이 피어납니다.

색깔과 모양은 다르지만 향기로운 꽃입니다. 언제 피든, 어디에 피든 아름다운 꽃입니다. 모두 다 꽃입니다.

너도 꽃이고
나도 꽃이고
우리는 모두 꽃입니다.

너도 부처이고
나도 부처이고
우리는 모두 부처입니다.

꽃피어 아름다운 세상
꽃향기가 온 천지에 가득합니다.
이곳이 선경仙境이고 낙원樂園입니다.

○ 원기104년 6월 14일

깊이와 높이

"나를 올라온 높이로 재지 말고 헤쳐 나온 깊이로 재어 주십시오."

이 말은 땅콩 박사로 유명한 조지 워싱턴 카버 박사(1864~1943)의 말입니다.

그는 흑인 노예의 아들로 태어났지만, 모든 난관을 극복하고 농학박사가 되었고, 땅콩을 이용해 105가지의 식품과 200가지의 실용품을 만든 미국 제1의 농학자이자 과학자요 동시에 계몽가였습니다. 또한 그는 독실한 크리스천이었습니다.

사람들은 높이 올라가려고만 하고 높이 올라간 모습만을 바라봅니다. 그 사람의 지위가 어떻고 연봉이 어떻고….
그 높이를 부러워하고 욕심부려 쫓아가려고 합니다. 하지만 그 높이만을 탐하면 일순간 무너져 내리는 사상누각이 되기 쉽습니다.

크고 단단한 나무는 위로 올라간 만큼 땅 밑으로 깊게 뿌리하고 있다고 합니다. 샘이 깊은 물은 가뭄에 아니 마른다고 했습니다. 큰 건물을 짓기 위해서는 땅 아래의 기초를 깊고 단단하게 하는 것이 상식입니다.

깊이 없는 높이란 있을 수 없습니다. 참된 높이는 참된 깊이에서부터 시작합니다. 깊은 만큼 높이 올라갈 수 있습니다.

높이가 드러난 것이라면 깊이는 감추어진 것입니다. 원래는 감추어진 것이 더 큰 것이고 더 큰 힘이 자리합니다.

"그 사람, 참 깊은 사람이야."

속이 깊어야 하고, 생각이 깊어야 하고, 말과 행동이 깊어야 합니다. 깊은 고요 속에 마음의 평화가 깃들고, 깊은 생각에서 밝은 지혜가 샘솟습니다. 사람을 사귀는 데에도 깊이 사귀는 것이 중요합니다.

삶의 역경이 깊은 사람만이 타인의 삶을 넓게 이해할 수 있습니다. 그 깊이만큼 세상을 넓고 높게 바라볼 수 있고 세상을 위해 일할 수 있습니다.

깊이 다음에 높이가 따라온다는 것을
깊이 명심하고 각성할 바입니다.

○ 원기104년 6월 21일

조고각하照顧脚下 – 발밑을 살피라

스님들이 신발 벗어놓는 마루 토방을 보면 '조고각하照顧脚下'라고 쓰인 팻말이 있습니다. 각자 발밑을 잘 살피라는 뜻인데요. 신발을 가지런하게 놓으라는 단순한 의미도 있지만 자기 자신을 잘 살피라는 깊은 뜻도 있습니다.

세 명의 제자와 밤길을 가다가 등불이 꺼지자, 스승인 법연 선사가 제자들에게 "이제 어떻게 해야 하겠는가?" 하고 묻습니다.
제자 중 원오 스님이 "조고각하"라고 답합니다.

앞을 분간할 수 없는 칠흑 같은 어둠에 놓였을 때 우리가 할 수 있는 것은 오로지 자신의 발밑을 잘 살피는 것뿐입니다. 먼 곳으로 시선을 빼앗기면 발아래 절벽으로 떨어질 수도 있습니다.

대부분의 많은 사람이 발아래가 아닌 먼 산을 향하거나 나보다 앞서간 사람의 뒷모습을 보며 살아갑니다. 참답게 사는 사람은 밖의 대상이나 다른 사람에게 시선을 빼앗기지 않습니다. 지금 여기서 내 마음을 바라보는 마음이 선심禪心입니다.

이상은 높게 가지되 현실을 바로 볼 수도 있어야 합니다. 이룰 수 있는 꿈이 되기 위해서는 지금 내딛는 한 걸음 한 걸음이 정성스러워야 합니다. 나를 살피고 돌아보는 마음이 수행이고 공부입니다.

교도님 몇 분과 저녁나절 배봉산 산책을 했습니다. 어둠이 짙어지자, 산책로 나무 데크에 불이 켜지기 시작했습니다. 낮은 난간에 설치된 가로등 불빛은 위로 비치는 것이 아니라 아래를 비춰주었습니다. 칠흑 같은 어둠 속에서도 발을 헛디딜지 하는 걱정이 없었습니다. 내 발아래를 훤히 비추어 주었기 때문입니다.

조고각하照顧脚下!

내 마음의 등불을 밝혀, 내 발밑을 먼저 살피고 앞사람, 뒷사람, 옆 사람, 두루두루 살펴서 바로 걸을 수 있도록 그들의 등불이 되어주면 좋겠습니다.

먼저 내 마음부터 잘 비추고 돌아보겠습니다.

○ 원기104년 6월 28일

소원을 말해 봐

월트디즈니사의 영화 '알라딘'을 봤습니다.
이야기는 매우 흥미진진했고, 영상은 아름다웠으며, 대사는 멋지고 의미심장했습니다.

대략적인 이야기는, 좀도둑 알라딘이 요술 램프를 얻고 지니의 도움으로 마침내 자신이 사랑하는 재스민 공주와 결혼한다는 이야기입니다.

나에게 요술램프가 주어지고 지니에게 소원을 말한다면 어떤 소원을 빌까요? 단, 소원은 세 가지만 들어줄 수 있습니다.

사람은 누구나 저마다 원하는 소원이 있을 것입니다. 돈, 취업, 승진, 합격, 건강…. 원하는 대로 다 이룰 수는 없지만, 소원이 있고 꿈이 있기에 살아가는 이유가 되기도 합니다.

영화의 명대사 중 이런 내용이 있습니다.

"돈과 권력은 만족이 없어.
더 많이 가질수록 더 많이 원하게 되거든."

네, 그렇습니다. 욕심으로 구하는 소원은 채울 수 없고 만족할 수 없습니다. 오히려 내 행복을 빼앗아 가는 불행의 씨앗이 되기도 합니다. 우리의 소원은 뜻이 깊고 숭고하면 좋겠습니다.

알라딘의 마지막 소원은 자신의 소원을 이뤄준 지니를 위한 것이었습니다.

"내 소원은 네가 자유로워지는 거야[I wish to set you free]."

알라딘의 소원으로 지니는 마법사가 아닌 평범한 사람이 되었고, 사랑하는 사람과 결혼하여 아이들을 낳고 세계를 항해하면서 행복한 삶을 살게 됩니다.

셋 중 둘은 나를 위한 것이라면 마지막 하나는 남과 세상을 위한 소원이면 어떨까요? 사랑과 은혜가 실현되는 그런 소원 말이죠.

걸그룹 소녀시대의 '소원을 말해봐'가 떠올랐습니다.

"소원을 말해봐! 네 마음속에 있는 작은 꿈을 말해봐.
네 머리에 있는 이상형을 그려봐. 그리고 나를 봐.
난 너의 Genie야, 꿈이야, Genie야."

소원이 있어야 이룰 수 있습니다.
요술 램프와 지니가 멀리 있지 않습니다. 내가 바로 지니이고,

내 옆에 가장 가까이 있는 당신이 또한 나의 지니입니다.
늘 내 곁에 함께하시는 '법신불 사은님.'

"소원을 말해봐."

당신의 꿈을 이루어 드립니다.

○ 원기104년 7월 5일

선견지명 先見之明

세상은 한 치 앞도 모를 정도로 빠르고 복잡다단하게 흘러갑니다. 당장 내일 무슨 일이 일어날지 모르고 지금은 좋지만, 나중에 어떤 상황으로 변할지 가늠할 수 없습니다.

이런 혼란한 세상에서 앞일을 미리 내다볼 수 있는 안목을 가지면 얼마나 좋을까요?
어떤 일이 일어나기 전에 미리 앞을 내다보고 아는 지혜를 선견지명이라고 합니다.

"그 사람, 참 선견지명이 있었어. 어떻게 이 일이 일어날 줄 알고 대비를 했을까?"
이순신 장군의 경우 거북선을 만들어 임진왜란을 대비하는 선견지명이 있었죠.

우리의 선견지명은 혼란스러워서도 안 되고, 때가 늦어서도 안 되겠지요.
"내, 그럴 줄 알았어."
일이 벌어진 뒤에야
"아, 이래서 그랬구나." 하는 때늦은 후견지명 後見之明이 되어서는 안 되는 거죠.

선견지명은 점쟁이가 어떤 사람의 운명을 알아맞히는 그런 특별한 신통력은 아니라고 생각합니다. 대세와 형세의 흐름을 읽을 수 있는 밝은 눈, 부분에 매달리지 않고 전체를 볼 수 있는 탁 트인 안목, 이것이 합리적인 선견지명의 요건이 아닐까요?

선견지명의 밝은 눈을 가지기 위해 몇 가지를 생각해 보았습니다.

첫째, 과거 지낸 일을 반추하는 것입니다.
역사는 세상의 거울이라고 했습니다. 나의 잘잘못뿐만 아니라 다른 사람의 잘잘못을 참고하면 앞일을 어느 정도는 예측할 수도 있을 것입니다.

둘째, 현재 상황을 정확하게 파악하고 난 뒤 다가올 미래를 유추하는 것입니다.
장단점, 기회와 위협을 분석하면 대세를 파악하여 앞일을 준비할 수 있습니다. 우리는 빅데이터와 인공지능을 통해 미래를 예측하는 4차 산업 혁명 시대에 살고 있습니다.

셋째, 직관直觀의 힘을 기르는 것입니다.
옛 성인들의 지혜가 담겨 있는 경전, 영성이 맑은 종교 지도자들의 혜안, 그리고 맑고 깨끗한 나의 영성에서 뿜어져 나오는 지혜를 단련해야 합니다.

어찌 보면, 선견지명은 인연과 법칙의 흐름을 정확하게 읽어내는 능력입니다. 원인 없는 결과는 없습니다. 거기에 직관과 분석의 힘이 더해지면 선견지명의 밝은 지혜가 생기리라 생각해 봅니다.

소태산 대종사님께서는 "응용하기 전에 응용의 형세를 보아 미리 연마하기를 주의할 것이요."라고 하셨습니다.

응용의 형세를 보아 미리 연마하는 것!
미리 연마하고 준비하는 것이 선견지명의 힘입니다.

그 선견지명이 가까이도 볼 수 있고 먼 곳도 볼 수 있는, 작은 것도 볼 수 있고 큰 것도 볼 수 있는 밝은 지혜의 눈이면 좋겠습니다.

○ 원기104년 7월 12일

최소한의 양심

교당 주차장에 무단으로 주차를 해놓는 경우가 있습니다. 잠깐의 시간이면 그럴 수 있다고 하지만 이틀 이상 계속 주차하기에 문자를 남겼습니다.

"선생님. 차를 빼주시지요."
바로 답장이 왔습니다.
"네, 알겠습니다. 바로 빼겠습니다. 미안합니다."

그런데, 오늘 주차장을 보니 또 그 차가 주차되어 있었습니다. '이 사람, 양심도 없나.' 속으로 약간의 화가 났습니다. 이번엔 문자가 아닌 직접 전화를 하기로 했습니다.

"주차장이 비어 있다고 해서 이렇게 무단으로 주차하시는 것은 곤란합니다."
"네, 앞으로는 주차하지 않겠습니다."

미리 양해를 구했으면 사정을 봐줄 수도 있었겠지만, 함부로 남에게 피해를 주는 일은 잘못된 일입니다.

요즘 유원지나 해수욕장의 경우 밤새 실컷 먹고 마시고 난 뒤 쓰레기를 그대로 놓고 떠나는 경우가 많다고 합니다. 자신들의 양심마저 함께 버리고 간 것이죠.

○○구에 있는 어느 길목에는 사람들이 종종 쓰레기를 무단 투기하는 곳이 있다고 합니다. 이에 참다못한 공무원들이 큰 거울을 달아 놓고 거기에 붉은 글씨로 '당신의 양심'이라고 써 놓았다고 하는데요.
이렇게 양심을 강조한다 한들, 양심에 무디고 양심을 헌신짝 버리듯 하는 경우도 많아 보입니다.

우리는 일상생활에서 이런 말을 하곤 합니다.

"양심의 가책을 받다."
"양심에 부끄러울 일."
"양심을 속여."

양심良心!
사전적 의미로는 "사물의 가치를 변별하고 자기의 행위에 대하여 옳고 그름과 선과 악의 판단을 내리는 도덕적 의식."입니다.

인간은 누구에게나 양심이 있다고 말합니다. 우리 사회가 요구하는 양심은 사회적 정의나 커다란 선행이 아닙니다. 최소한의 양심과 최소한의 예의! 남에게 피해를 주지 않는 마음, 자신의 잘못된 행위에 부끄러움을 아는 마음입니다.

양심의 소리는 자신이 먼저 들을 수 있습니다.
양심의 소리에 귀 기울여
양심을 속이지 않고
양심대로 사는 우리면 좋겠습니다.

○ 원기104년 7월 19일

밥 한 끼

아침 식사를 마쳤습니다. 밖에는 비가 힘차게 내리고 있습니다. 습하고 우중충한 날씨라 몸이 가뿐하지 않습니다. 기분 전환 겸 달콤하고 고소한 맥심 커피 한잔을 마십니다. 마음에 조금 여유가 생기고 빗소리가 이젠 정겹게 들립니다.

요즘같이 더운 날씨엔 밥을 해 먹는다는 것이 고역입니다. 옛날처럼 아궁이에 불을 때는 수고스러움은 없지만, 밥 준비부터 설거지까지 귀찮고 힘들게 느껴지는 것이 사실입니다. 그래서인지 끼니를 대충 때우는 그런 심정입니다.

문득 원불교신문에 게재된 '밥 한 그릇의 가르침'이라는 글을 읽었습니다. 그동안 밥 한 끼를 때우기로 대했던 저를 반성했습니다. 밥 한 그릇에 담긴 은혜를 잊고 있었던 것입니다.

소태산 대종사님께서는 밥 한 알을 금 한 알같이 귀중히 여기시고 특별히 정하게 잡수시어 반찬이나 숭늉 남는 것에 밥알 한 알이 들지 아니하게 하셨다고 합니다. 또한 흘린 쌀 한 톨을 줍게 하시며 "농부의 피땀 어린 것을 함부로 하면 장래에 빈천보貧賤報를 받게 된다. 그리고 곡식이 썩고 있으면 다 썩을 때까지 농신農神이 앉아 울고 있다. 쌀을 귀중히 알고 밥을 귀중히 알라."고 말씀하셨습니다.

밥 한 그릇이 그렇게 쉽게 이루어진 것이 아니죠. 천지, 부모, 동포, 법률의 사은님께서 베풀어주신 은혜의 결정체입니다. 한 숟갈의 밥알이 하나의 세계를 이루고, 한 상 가득 차려진 밥상에 우주의 기운이 스며있다고 합니다. 재료를 준비하고, 만들고, 먹고, 상을 거두는 모든 과정이 마음 밭을 돌보는 일과 다름없습니다.

다음부터는 최소한 밥 한 끼를 그냥 때운다는 그런 생각은 추호라도 하지 말아야겠습니다. 우리의 몸과 마음을 길러주는 소중한 음식에 감사하고 그 은혜에 보은을 다짐하는 노래를 불러야겠습니다. 오늘따라 〈공양의 노래〉를 더 은혜롭게 부릅니다.

"네 가지 크신 은혜 한데 어울려
알알이 은혜로운 거룩한 공양
몸을 길러 공도 사업 더욱 힘쓰고
마음 길러 무상불도 이뤄지이다."

감사히 먹겠습니다.

○ 원기104년 7월 26일

진퇴양난 進退兩難

세상을 살아가다 보면 앞뒤가 꽉 막힌 상황에 부닥치게 되는 경우가 있습니다. 나아갈 수도 없고 물러날 수도 없는 상태, 이를 '진퇴양난進退兩難'이라고 하지요.

우리의 삶이라는 게 앞으로 나아가야 할 때가 있고 뒤로 물러서야 할 때도 있습니다. 나아간다고 해서 좋아할 일도 아니고 물러섰다고 해서 나쁜 것도 아닙니다. 나가야 할 때 나아가고 물러서야 할 때 물러설 줄 아는 사람이 현명한 사람입니다.

진퇴의 도를 잘 알기도 어렵지만, 더 어려운 것은 진퇴양난의 상황을 헤쳐 나올 지혜입니다. 앞뒤가 꽉 막혀 꼼짝달싹할 수 없는 상태에서는 어떻게 해야 할까요?

나가려고도 하지 말고 물러나려고도 하지 말고 그대로 멈춰보세요. 빨리 헤쳐 나가려고 하는 조급증이 오히려 그 상황을 악화시킬 수 있습니다. 상황 파악도 안 된 상태에서 이리저리 헤집고 다니면 오히려 실타래가 더 엉켜 버리는 경우가 있습니다. 그렇다고 포기하라는 것은 아닙니다.

반대로 생각해 보세요. 나가려고 했던 것을 뒤로 물러서 보고 뒤로 물러서려 했던 것을 앞으로 나아가 보세요.

나의 고정관념과 습관의 벽을 허무는 것이 답을 찾는 길일 수도 있습니다. 나 스스로 앞뒤를 가로막고 있을 수도 있기 때문입니다.

올바르다고 생각했으면 굳건하게 밀고 나가보세요. 처음엔 길이 잘 보이지 않아도 바름을 행하는 데에는 반드시 길이 있고 함께하는 사람들이 있습니다. 처음의 바른 한 생각으로 돌아가면 쉽게 길을 찾을 수도 있습니다.

혼자 헤매지 말고 주위에 도움을 청해 보세요. 밝은 지혜를 가진 스승이 있고 뜻을 함께하는 동지가 있습니다. 마음을 열고 다가가면 손을 내밀어 줄 겁니다. 사방이 꽉 막힌 상황에서도 한 줄기 빛은 있습니다.

요즘 세상을 바라보면 해답을 찾아야 하는 일들이 참 많아 보입니다. 특히 고립무원孤立無援의 대한민국이 위태해 보입니다. 이전에도 이 어려운 상황들을 지혜롭게 헤쳐 나왔듯이 반드시 그 길을 찾으리라 굳게 믿습니다.

○ 원기104년 8월 2일

삼복더위

입추立秋가 지났는데도 불볕더위는 계속되고 있습니다. 초복 중복이 지나고 이번 주 일요일이면 말복을 맞이합니다. 그런데 아직 무더위가 떠나갈 조짐이 안 보이네요.

여름 무더위의 절정을 삼복더위라고 하죠. 더위에는 입맛도 떨어지고 무기력해지기 쉽습니다. 보양 음식을 먹어 몸의 기를 충전해 보기도 하지만 더위를 이기는 데는 서늘한 바람이 최고인 것 같습니다.

초복, 중복, 말복! 삼복三伏은 양陽이 극한 한더위에 음陰이 새로 일어나려다가 극성한 양에게 눌리어 세 번 항복한다는 뜻이라고 합니다. 그만큼 양이 극성하여서 더울 수밖에 없다는 것이겠지요. 그래도 극 하면 변하는 자연의 이치에 따라 곧 서늘한 가을이 오는 기대를 하게 됩니다.

삼복, 세 번 항복 받는다. 법문에 의하면, 수행자는 마군魔軍을 항복 받아야 한다고 말합니다. 부처가 되는 것을 방해하는 것을 마구니라고 하는데 그 숫자를 팔만 사천 마군이라고 합니다. 내가 물리쳐야 할 가장 큰 마군은 무엇일까요?
욕심, 게으름, 시기심….

그런데요. 그런 마군을 항복 받는데 한번 가지고 될까요? 삼복이 지나야 시원함이 찾아오듯이 마군들과 싸우고 싸우는 치열함이 필요할 것 같습니다.

한편, 나에게 오는 시련과 고통도 세 번을 이겨내면 내공이 쌓이고 단련이 되어 다른 모든 어려움도 능히 헤쳐 나갈 수 있지 않을까요?

이번 주에 무더위가 절정이라고 합니다. 참고 이겨내면 시원하고 풍성한 가을이 다가옵니다. 단단하고 단 열매를 이 더위가 만들어 줌에, 이 또한 감사입니다.

○ 원기104년 8월 9일

마음 소 길들이기

요즘 이문교당에서는 불교의 경전인 『목우십도송牧牛十圖頌』을 공부하고 있는데요. 『목우십도송』은 마음 소 길들이는 과정을 열 단계로 설명한 게송과 그림입니다.

목동이 소를 기르듯 마음공부를 하는 우리는 마음 소를 길들이는 목동입니다.
그 소가 내 말을 잘 듣고 따라오나요, 아니면 제멋대로 행동하나요? 아직도 소조차 발견하지 못하고 헤매고 계시나요?

처음엔 제멋대로 날뛰던 소였겠지요. 그런데 법문을 듣고 마음공부를 하다 보면 우리의 마음 소도 차츰 길이 들고 이젠 굳이 애쓰지 않아도 잘 따라오는 소가 되어 갑니다.

그래도 안심할 수는 없습니다. 어느 순간 세상의 욕심에 끌려갈지 모르니까요. 그래서 아직 고삐도 필요하고 회초리도 필요합니다. 스승과 도반이 고삐가 되어주고 가끔 회초리가 되어줍니다.

마음 소 길들이는 과정은 검정소가 흰 소로 변해가는 과정으로 설명하고 있는데요. 중생의 마음이 부처의 마음이 되고 무명 업장이 반야의 지혜로 사라집니다. 가득 찬 욕심이 허공처럼 빈 마음으로 변해갑니다. 얼마나 더 희어야 내 마음이 허공처럼 될까요?

소를 기르기 위해서는 목동이 있어야겠죠. 목동은 반야의 지혜입니다. 목동이 소의 코를 뚫어 고삐를 채우고 이끌고 이끌어 나중에는 굳이 이끌지 않아도 잘 따라오는 길든 소가 되죠.

오늘도 저는 마음 소를 길들이고 있습니다. 대체로는 말을 잘 듣는 것 같으나 아직도 방심할 수는 없습니다. 예전, 거친 소에 비교해서는 양반이지만 말이죠.

앞으로 소를 길들이기에 더욱 힘을 써서
마음의 자유를 얻고
마음 밭도 잘 가꾸어
풍요로운 마음 농사를 잘 지어볼까 합니다.

○ 원기104년 8월 16일

과유불급過猶不及

오늘은 절기상 처서處暑입니다. 귀뚜라미 우는 소리에 상쾌한 아침을 맞이합니다. 올해가 작년에 비해 덜 덥기는 했으나 이제 무더위가 지나고 선선한 바람이 불어오니 좋습니다.

극極 하면 변한다는 말이 있는데요. 달도 차면 기울듯이 극점極點에 이르면 새로운 변화가 생기기 마련이지요. 자연의 변화가 그렇고 우리네 인생도 마찬가지입니다.

'과유불급過猶不及', '지나침은 미치지 못함과 같다.'라는 말인데요. 지나침은 오히려 모자란 것만 못하다는 뜻도 됩니다. 맛있다고 너무 많이 먹으면 배탈이 나듯이 과하면 탈이 나게 되어 있습니다.

친절이 지나치면 경계하게 되고, 의욕이 지나치면 쉽게 지치게 되고, 사랑도 지나치면 서운함과 미움이 따르게 되고, 칭찬도 지나치면 진실이 없어 보일 수 있습니다.

보약도 과다복용하면 안 되고요. 관심과 사랑도 지나치면 간섭이 되고 애착이 됩니다. 아이들을 기르는 데에도 지나친 과보호와 과잉교육이 아이들을 힘들게 하고 장래를 망치게도 합니다.

지나치지도 않고 모자람도 없는 적당함, 우리네 삶의 균형을 잡아주는 중도中道와 중용中庸!

지나침은 화禍를 부르게 되고 너무 한쪽으로 쏠리면 기울게 됩니다. 넘치는 것보다는 다소 부족하고 아쉬운 것이 낫고 혹시 극단으로 흐르면 균형을 잡아주는 지혜가 필요합니다.

누구나 삶의 균형을 잡고 싶어 합니다. 그러나 현실에서는 쉽지 않죠. 중도는 딱 중간이 아니기 때문입니다. 중도는 중심을 잘 잡고 플러스(+)와 마이너스(-)를 적절히 잘하는 것입니다.

우리의 어리석은 지혜는 지나침과 모자람의 경계를 확실히 알지 못합니다. 그래서 중요한 것이 중심中心입니다. 마음의 중심, 가치의 중심, 일의 중심을 확실히 잡고 있으면 과하면 줄일 수 있고 모자라면 채울 수 있습니다.

과불급過不及을 피해 마음의 중심, 가치의 중심은 무엇일까요? 빈 마음으로 바라보시기를 바랍니다.

○ 원기104년 8월 23일

너의 잘못이 아니야

영화 '굿 윌 헌팅'의 주인공은 대학의 청소부 '윌'입니다. 그는 어려서 부모에게 버림받고 내면의 상처를 앓고 살아갑니다. 뛰어난 수학적 두뇌를 가지고 있었지만, 늘 세상과 불화했습니다. 주인공이 달라지는 결정적인 계기가 된 것은 상담치료사의 이 한마디였습니다.

"너의 잘못이 아니야[It's not your fault]!"

지금의 불행은 너로서는 어쩔 수 없는, 불가항력 상황이었던 것이지 너의 잘못이 아니라는 이 말에 그는 마침내 울음을 터트렸고, 세상을 향해 굳게 닫혀 있던 그의 마음은 녹았습니다.

세상의 불행은 크게 두 가지인 것 같아요. 나의 잘못으로 인해 받게 되는 불행과 나로서는 어쩔 수 없는 불행. 나의 잘못일 경우 달게 받을 수 있지만 원인 제공자가 내가 아닐 경우는 억울할 수밖에 없습니다.

어느 국가에 태어나는가, 어느 부모 형제를 만나는가, 직장에서 어느 상사와 동료를 만나는가….
사실 내가 결정할 수 있는 문제가 아닙니다. 혹시 내가 결정했다

하더라도 불확실한 미래를 확정하기엔 운명의 변수가 너무도 많습니다.

불행의 결과를 온통 나의 탓으로 돌리는 사람이 있습니다. 불교에서는 모든 행위의 결과가 자신이 지었기 때문에 받게 된다는 '인과의 이치'로 설명하기 때문이겠지요. 도저히 불행의 원인을 모를 때 전생의 업業으로 말하기도 합니다.

어느 교도님이 상담을 해오셨습니다.
"교무님! 누군가로부터 상처를 받았을 때 모든 것을 다 내 탓으로 마음을 돌려야 하는 것이 맞는지요? 다 내가 지었기 때문에 받는 것이고 내가 부족하므로 어쩔 수 없이 받는 것이니 상대로 인해 서운하고 속상할 때 지금 내가 할 것은 참회하는 것이 맞는 것이지요?"

분명, 그 일에는 나의 잘못도 있을 수 있습니다. 하지만 모두 나의 잘못으로 돌리는 것은 올바른 지혜가 아니라고 답변해 드렸습니다. 상대방의 잘못도 있을 수 있고 법, 관습 등 사회구조적인 잘못도 있을 수 있기 때문입니다. 일과 상황에 대해 옳고 그름을 밝게 분석하고 판단하는 지혜의 눈이 필요하다는 것이죠.

모든 것을 남의 탓으로 돌리는 것도 문제입니다. 모든 것을 나의 잘못으로 자신을 책망하고 억압하는 것은 불행의 깊은 터널에서 빠져나오기 어렵습니다.

혹시 자책하고 있다면, 괴로워하고 있다면, 그래서 더 짙은 어둠으로 가고 있다면 위로와 지혜의 말을 건네고 싶습니다.

"그것은 너의 잘못이 아니야!"

○ 원기104년 8월 30일

가을이 오는 소리

교당 사무실, 귀뚜라미 우는 소리가 들립니다. 어제저녁엔 이불을 덮고 자야 했습니다. 태풍 '링링'으로 걱정이 되지만 아침저녁의 서늘한 기운은 이제 완연한 가을임을 느낄 수 있습니다.

추석을 앞두고 있어서인지 배, 사과 등 먹음직스러운 과일들이 결실의 계절 가을을 풍성하게 합니다. 얼마 전 교도님이 가져다 준 배가 너무 달콤하여 먹는 내내 행복했습니다. 또 얼마 전에는 경기도 이천 햅쌀로 지은 쌀밥을 먹었는데 밥맛이 달기까지 했습니다.

2학기가 시작된 외대 대학로는 대학생들의 젊음으로 활기를 띠고 있습니다. 지난 방학 동안의 한산함을 뒤로 하고 캠퍼스와 대학로를 빼곡히 채우고 있는 열기에 저 또한 활력을 얻습니다. 그 대열에 동참하고자 멋진 카페에서 홀로 커피를 마시기도 하고 패스트푸드점에서 햄버거를 먹기도 합니다.

지인으로부터 책을 선물 받았습니다. 조그만 시집인데요. 차 한 잔을 마시며 가끔 시집을 펼쳐보려고 합니다. 차도 시도 음미하면서 약간의 사색 시간을 가져보고 싶습니다.

추석이 지나고 가을이 무르익을 무렵에는 도시를 벗어나 자연으로 한걸음 들어가고 싶습니다. 노랗게 익어가는 가을 들판도 바라보고 바람에 휘어지는 억새에 흔들려도 보고 방긋 웃는 코스모스의 향연에 감탄사를 내뱉고도 싶습니다.

어느 시인의 말처럼,
가을엔 기도하고, 사랑하고, 홀로 있고 싶습니다.
가을이 오는 소리에 오늘도 행복합니다.

○ 원기104년 9월 6일

둥근달이 떠오르면

추석秋夕입니다.
귀성, 고향집, 성묘, 귀경….
힘들지만 정겹고 감사의 마음이 가득합니다.

교당에서는 추석 명절 조상합동향례를 모셨습니다. 나의 근원을 찾고 풍성한 결실에 감사를 올리고 모처럼 가족들이 모여 따뜻한 정을 나눕니다.

올해는 둥그런 보름달이 뜬다고 합니다.
둥근달!
밝은 달!
큰 달!

맑은 하늘에 둥근달이 떠오르면 우리네 달님은 소원의 달로 밝게 빛납니다.
올해는 무슨 소원을 빌어볼까요?
그 소원이 꼭 이루어지길 기원합니다.

마음 찾는 주인공은 심월心月을 찾고 사랑합니다.
그래서 이런 노래를 부릅니다.

"달 사랑하는 벗님네야
이 심월心月을 구경하소."

맑고 밝은 마음 달이
항상 밝고 환하게 빛나시길 기원합니다.

○ 원기104년 9월 13일

원불교 소태산기념관

내일은 '원불교 소태산기념관'이 개관 봉불奉佛하는 날입니다. 원불교 2세기의 새로운 희망으로 세상을 향해 힘차게 문을 열게 되는데요. 이제 원불교는 세계의 보편종교를 지향하면서 일원의 둥그신 빛 아래 밖으로, 미래로, 사회로, 세계로 힘차게 나아갈 것입니다.

기념관은 크게 업무동과 종교동으로 나뉘는데, 종교동 건축의 백미는 둥근 솥의 모양을 하고 있습니다. 원불교를 상징하는 둥근 원과 소태산을 상징하는 솥의 형상으로 만들어진 건물입니다.

교단사적 측면에서 소태산기념관 개관의 의미는 익산 시대에서 서울 시대로의 대전환이라고 말할 수 있습니다. 서울 시대란 한국의 중심이면서 세계로 뻗어나가는 원불교의 전초기지가 된다는 것이지요.

5년의 세월을 거슬러 하나하나 쌓아 올린 거룩한 성전은 '일원一圓을 담아 은혜를 짓다.'로 피어났습니다. 전 교도의 기도와 정성 어린 성금의 결정체이고요.

저 개인적으로도 이 건물은 소중한 인연이 있습니다. 소태산기념관 전신인 '원불교 서울회관'에서 3년의 간사 생활, 저의 20대 청춘이 그대로 스며있기 때문입니다. 이제 그때의 그 건물은 아니지만, 기념관에만 가면 갓 20살, 어린 출가자의 모습으로 돌아가곤 합니다.

집은 사람이 모이는 곳[集]입니다. 그곳을 드나드는 수많은 사람이 은혜를 심고 기르고 나누는 복의 터전이 되길 기원합니다.
원불교인들만의 공간이 아닌 세상 누구에게나 열려있는 공간, 함께하는 공간이길 기원합니다.

종교동 옥상에서 바라보는 한강과 드넓게 펼쳐지는 서울의 풍경은 참 아름답습니다.
원광圓光, 원음圓音, 원향圓香의 메아리가 세상을 아름답게 물들이면 좋겠습니다.

○ 원기104년 9월 20일

은덕문화원

은덕문화원 가을 문화 행사인 '전통예술 한마당'을 다녀왔습니다. 가을밤 고즈넉한 한옥에서 펼쳐진 우리의 소리와 춤은 신명 나는 한판이었습니다.

음식이 어느 그릇에 담기느냐에 따라 맛의 풍미가 달라지고, 공연이 어느 장소에서 하느냐에 따라 품격이 좌우되기도 합니다. 어제의 공연은 가을밤, 한옥, 국악이 어울려 함께한 관객 모두를 풍류가객으로 만들기에 충분했습니다.

창덕궁 옆에 자리 잡은 은덕문화원隱德文化院!
전통과 맥이 살아 숨 쉬는 문화의 산실로 아름다운 한옥의 미美뿐만 아니라 한국의 정신문화를 이끌어가는 터전으로써 역할하고 있습니다.

은덕문화원의 은덕隱德은 희사자, 원불교 종로교당 도타원 전은덕 교도님의 법명을 따서 지어진 이름입니다. 큰 희사 공덕을 쌓았음에도 불구하고 그분의 법명처럼 높게 드러나지 않고 어쩌면 가장 낮은 곳에서 집을 떠받치는 주춧돌로 자리하고 있다는 생각이 들었습니다.

은덕隱德! 덕을 숨기다.
뭣 좀 했다고 조그마한 것이라도 드러내려고 하는 자랑과 과시의 세상에서 은덕은 많은 가르침을 줍니다. 그래서 은덕은 대덕大德이고 무상無相의 덕입니다.

은덕문화원의 솟을대문을 열고 들어가면 고풍스러운 한옥의 모양새도 아름답지만, 저를 감동으로 이끄는 것은 정갈하게 쓸어놓은 마당과 잘 가꾸어진 화단의 꽃과 나무들입니다.
특히 이 가을엔 안개꽃처럼 작은 꽃잎들이 나풀거리는 풍경이 참 아름답습니다. 10월부터 시작되는 생활 문화 예술품 전시도 꽤 볼만한 구경거리가 될 것 같습니다.

은덕의 정신과 문화를 함께 느껴보시지요.

○ 원기104년 9월 27일

순간과 영원

유럽의 한 성당 꼭대기에 있는 시계에는 이런 문구가 쓰여 있다고 합니다.

'시간은 달아나지만, 영원함은 머문다.'

시간은 쉼 없이 흘러가 사라지죠. 왔다가 금방 사라지는 한순간에 불과합니다. 지나간 시간은 기억 속에 남게 되지만 흘러가는 시간을 현재에 마냥 잡아 둘 수는 없습니다. 내가 마주하는 시간은 한순간입니다.

1초, 1분, 1시간, 하루, 일주일….
시간의 축적을 숫자로 표시할 수는 있지만 덧없음의 눈으로 바라보면 모두가 '한순간'일 뿐입니다.

순간순간이 모여 영원으로 이어집니다. 하지만 그 한순간들이 영원으로 남는 것은 아닙니다. 그냥 사라진다는 사실이 영원하다는 것이고 맞이할 시간이 영원하다는 것입니다.

기쁘고 좋을 때의 이 순간이 영원히 계속되기를 바랍니다. 사라져 없어지는 것이 두렵습니다.

슬프고 나쁠 때의 이 순간이 빨리 사라지기를 바랍니다. 고통에 더 이상 머물고 싶지 않습니다.

톨스토이의 말을 빌리면, 당신에게 가장 중요한 때는
"지금, 이 순간"입니다.

이 순간을 사랑하고
이 순간에 최선을 다하고
이 순간을 영원으로 가꿔 가는 우리입니다.

영원히 변하지 않는 것은 무엇일까요?

순간순간 모든 것이 변해가지만 변하는 가운데 변하지 않는 영원한 진리!
오늘도 그 진리 속에 살아가고 그 진리를 향해 나아갑니다.

○ 원기104년 10월 4일

세상에 당연한 것은 없다

TV에 나오는 어느 기업의 광고를 보았습니다.

"당연한 공기
당연한 흙
당연한 별
당연한 꿈
당연한 내일이란 없다."

세상을 살아가면서 당연시하는 것들이 참으로 많습니다.

당연한 환경
당연한 사람
당연한 일
당연한 생각까지….

그렇게 믿고 행동합니다. 그런데 그 당연함이 당연함일 수 있는 것은 존재의 목적과 마땅한 가치와 타당한 이유가 있습니다. 우리는 앞뒤 생각하지 않고 너무 쉽게 그 당연함을 말하곤 합니다.

천지자연이 베풀어주는 은혜

부모님의 사랑
인연 관계에서 도움받는 혜택
작게는 교통법규가 지켜주는 은혜까지.

부모니까! 당연히 해주시겠지.
가족이니까! 당연히 이해하겠지. 친구니까! 당연히 도와줄 거야.
하지만 세상에 당연한 것은 없습니다.
끈기와 노력이 없는 성공, 존중과 배려가 없는 좋은 인연, 준비하지 않는 밝은 내일.

지금까지 그냥 당연하게 생각했던 것을 당연하지 않은 것으로 생각해 보세요. 부정하라는 말이 아니라 그 당연함이 당연할 수 있는 이유를 찾아보자는 것입니다.

저는 오늘도
법신불 사은님께서 베풀어주시는 은혜를
당연히 믿고 감사하며 살아갑니다.

○ 원기104년 10월 11일

공부할 때가 돌아온 것을 염두에 잊지 말고

나를 힘들고 괴롭게 하는 경계는 예고 없이 언제든 찾아옵니다. 피하거나 거부할 수도 없습니다. 우연한 경계는 없고, 내가 지은 인연의 소치이기에 받아들일 수밖에 없습니다. 하지만 누구나 그 힘든 경계를 좋아할 리는 없습니다.

경계가 왔을 때 무엇보다도 경계임을 알아차리는 것이 우선입니다. 경계는 확연하기도 하지만 위장을 하기도 합니다. 경계인 줄도 모르고 속아 넘어가는 때도 있죠.

소태산 대종사님의 법문에 의하면, 경계를 대할 때마다 공부할 때가 돌아온 것을 염두에 잊지 말라고 하셨습니다.
'아, 지금이 공부할 때야!'라고 선언해야 합니다.

원불교에서는 '마음공부'를 합니다.
마음공부는 마음을 잘 알아서 마음을 잘 사용하는 공부입니다.

경계를 당해서 내 마음을 어떻게 사용하느냐에 따라 옳고 그름, 죄와 복이 결정되죠. 따라서 경계에 대한 처리는 나의 행복과 불행을 좌우합니다.

처음부터 잘 될 수는 없습니다. 내 마음인데도 내 마음처럼 되지 않습니다. 경계에 흔들리지 않는 마음의 힘이 필요하고 경계를 정확하게 볼 수 있는 지혜의 밝음이 필요합니다.

공부의 과정은 힘들 수 있어도 공부의 성취는 보람되고 유익합니다. 마음의 실력을 쌓는다는 것, 그 마음의 힘으로 행복을 찾아가는 것, 그것이 마음공부 하는 목적이고 보람입니다.

실제 경계를 당하여 챙기지 않으면 경계에 속고 경계에 묻혀버립니다. 경계임을 알아차렸다 하더라도 공부의 기회로 바로 돌리기가 쉽지 않습니다. 하고 또 하는 수밖에 없습니다.

어려운 경계 상황을 헤쳐 나가면서 마음의 흐름과 작용을 잘 공부하다 보면 경계가 오히려 나에게 큰 복을 가져다주는 기회가 됩니다. 그렇게 내 마음의 힘이 쌓여가는 것을 확인하다 보면 공부의 재미를 느끼게 됩니다.

경계를 당해서 습관과 업력業力에 끌려가느냐, 진급하고 은혜를 입을 것이냐의 갈림은 공부의 기회로 삼느냐, 그렇지 않으냐에 달려 있습니다.

경계를 대할 때마다 공부할 기회가 돌아온 것을 염두에 잊지 말라 하셨습니다.

○ 원기104년 10월 18일

감사 생활

원망이 가득 찼습니다. 누군가를 미워했습니다. 불평하고 짜증을 냈습니다. 시원할 것 같았지만 오히려 괴로웠습니다.

그 미칠 것 같은 원망심을 없애려고 했던 저 자신이 어리석었습니다.

'원망 생활을 감사 생활로 돌리자.'

하나에서 열까지 오직 감사만 생각해 봅니다. 지금까지 보이지 않았던 은혜와 감사가 보이기 시작합니다.

내가 이렇게
보고 듣고 냄새 맡고
맛보고 느끼고 생각하는 것.

맛있는 밥을 먹고
좋은 여행지를 향해 차를 타고
조용히 촛불과 마주한 채 기도할 수 있는 것.

모두가 은혜입니다.

과연, 나 혼자서 살 수 있을까요?
천지, 부모, 동포, 법률. 한순간도 없어서는 살 수 없는 큰 은혜 속에서 살고 있음을 확실히 알 수 있습니다.

그중에서도 나를
생각해 주고
사랑해 주고
기도해 주는
참으로 고마운 인연, 좋은 인연이 있습니다.

"감사 생활만 하는 이는 늘 사은의 도움을 받고,
원망 생활만 하는 이는 늘 미물微物에게서도 해독을 받으리라."
〈『정산종사법어』, 법훈편 59장〉

감사 생활
이제, 새롭게 시작합니다.

당신과 함께하게 되어 기쁘고, 감사합니다.

○ 원기104년 10월 25일

가족이라는 이름

가족!
기쁨과 행복, 위안과 힘이 되는 이름. 하지만 때론 짐이 되기도 하고, 미움과 다툼의 대상이기도 합니다.
가족이라는 이름이 늘 양지일 수는 없습니다.

그래도 어머니께서는 늘 말씀하셨지요.
"그래도 가족 형제밖에 없다."

떨어져 살다 보니 서로의 생각이 다른 것 같고, 삶의 방식 또한 예전의 기억이 되는 듯합니다.

최근 어머니 집 리모델링으로 인해 오랜만에 한 가지 목적을 가지고 가족들이 생각을 나누고 힘을 합했습니다. 각자 의견이 다르고 지식과 경험이 달라서 약간 충돌도 있었지만, 결국 가족이라는 이름으로 하나가 되었습니다.

멋지게 단장된 집을 보며 기뻐하고 격려했습니다. 무엇보다도, 만족해하시는 어머니를 보면서 잘했다는 생각이 들었습니다.

옛날, 희로애락을 함께 했던 그 시절을 자연스레 떠올려 보았습니다. 지지고 볶는 갖은 애환 속에서 더욱 단단해지고 사랑으로 뭉치어진 우리였습니다. 그래서 형제애를 넘어 함께 고생한 동지애 같은 것이 있는 것 같습니다.

다른 공간에서 다른 생각과 다른 일들을 하고 있지만, 마음 밑바닥에는 믿음이 자리하고 있고, 서로에 대한 감사한 마음이 충만합니다.

영어 생각[think]과 감사[thank]는 어원이 같다고 합니다. 뿌리로 보면 생각이 곧 감사입니다. 깊은 생각이 감사를 불러일으키는 거죠.
가족을 불평과 원망으로 바라보지 말고 감사로 생각하고 바라보세요. 그 전에 생각하지 못했던 큰 감사심이 생겨납니다.

가족은 그 이름만으로도
사랑이고, 감사이고, 행복입니다.

감사합니다.

○ 원기104년 11월 1일

아, 옛날이여!

이웃 교당 교무의 어머님이 열반하셔서 대구까지 문상을 다녀왔습니다. 오가는 길이 무려 일곱 시간이 넘는 장거리였습니다. 다소 지루할 것 같았지만 함께 한 여섯 명의 교무님이 이야기꽃을 피워 그 시간이 전혀 지루하지 않았습니다. 오히려 옛 추억을 회상하는 여행길이 되었습니다.

제가 원광대 원불교학과를 다닌 건 1980년대 후반이었는데요. 당시 민주화 운동으로 대학가엔 최루탄이 난무했고, 연일 데모로 제대로 된 수업이 이루어지지 않았던 시기였지요. 원불교학과생들은 전원 기숙사[서원관] 생활을 했기 때문에 거의 24시간을 동고동락하는 공동체 생활을 했었습니다.

이런 얘기, 저런 얘기 등 지금까지 몰랐던 당시의 비하인드 스토리도 알 수 있었고, 오랜만에 학창시절로 시간여행을 했습니다.

저도 이제 나이가 좀 들었는지, 옛날이야기를 자주 합니다. "옛날에 말이야. 내가…."
이렇게 꼰대가 되어 가는 건지는 모르지만 나의 경험과 추억이 쌓임에 따라 옛것을 회상하고, 추억하고, 소환하는 버릇이 생겼습니다.

옛 추억은 아름답기도 하지만 쓰라린 아픔도 숨어있습니다. 기억하고 싶은 사람과 사건, 기억하기 싫은 사람과 사건, 되살려서 기쁠 때도 있지만 감추고 싶은 나만의 비밀 같은 것도 과거에 묻어있기도 합니다.

과거의 추억이 아무리 아름다웠어도 이젠 다 지나간 일이고, 다시 돌아갈 수 없습니다. 과거의 기억이 아무리 암울했었다고 해도 이젠 다 지난 일이고, 그 어둠도 매우 옅어졌습니다.

가수 이선희 씨의 노래 〈아, 옛날이여!〉를 떠올려 봅니다.

"아, 옛날이여 지난 시절 다시 올 수 없나 그날
아니야 이제는 잊어야지 아름다운 사연들
구름 속에 묻으리 모두 다 꿈이라고"

애니메이션 영화 '쿵푸 팬더'에는 이런 명대사가 있습니다.

"어제는 이미 지나간 날이고, 내일은 알 수 없으며, 하지만 오늘은 선물이다. (Yesterday History, Tomorrow is a mystery, But Today is a gift.)"

과거에 묻혀 사는 사람,
미래를 걱정만 하는 사람,
지금, 이 순간.

내가 마주하는 현재를 소중한 선물로 사는 사람.

나는 지금 어디에 있습니까?

○ 원기104년 11월 8일

셋,
위에서 바라보기

고린도전서 15장 10절

며칠 전에 《중앙일보》에 실린 원로 영화배우 신영균 님의 인터뷰 기사를 보았습니다. 한국 영화의 전성기로 꼽히는 60년대에 유명 배우로 황금시대를 보낸 그는 독실한 기독교인입니다.
올해 91세인 그는 "나중에 내 관 속에 성경책 하나만 묻어 달라."고 딸에게 부탁하며 가장 좋아하는 성경 구절로 고린도전서 15장 10절을 소리내어 읽습니다.

"내가 나 된 것은 하나님의 은혜로 된 것이니
내게 주신 그의 은혜가 헛되지 아니하여
내가 모든 사람보다 더 많이 수고를 하였으나
내가 한 것이 아니요
오직 하나님과 함께하신 하나님의 은혜로다."

성경의 말씀이 제 마음에도 은혜로 와닿았습니다.
예수님, 부처님, 공자님, 소태산 대종사님….
말씀의 뜻을 새겨보면 모든 성자는 하나같이 같은 마음임이 분명합니다.

나를 존재케 하는 것은 모두 천지은, 부모은, 동포은, 법률은으로 사은님의 은혜입니다. 항상 그 은혜 베풀어주심에 감사하고 은혜 입은 자로서 보은은 우리의 당연한 의무입니다. 세상을 아름답게 하기 위한 나의 작은 은혜의 몸짓은 내가 한 것이 아니요 오직 법신불 사은님의 은혜요, 사랑입니다.

나이가 많아질수록, 가진 것들이 하나씩 늘어날수록, 나를 내세우는 것은 강해지고, 나를 내려놓고 비우는 것은 어려워지는 것 같습니다.

남을 위해 겨우 작은 것 하나 하면서 우쭐거리고 자랑하고 싶은 마음이 불쑥 튀어나옵니다. 가족이라는 울타리를 벗어나지 못하고 내 식구 챙기기에만 아등바등하기도 합니다. 세상의 아픔들을 함께하지 못하고 '나 아닌 다른 착한 사람이 하겠지.'라고 지금 당장 내가 할 수 있는 선행을 미루기도 합니다.

신영균 씨의 마지막 말입니다.
"91년 영화 같은 삶 후회는 없다. 남은 것 다 베풀고 갈 것이다."

후회 없는 삶!
지금, 이 순간에도 후회 없이 남김없이 살고 싶습니다.
낮추고
비우고
나누며
모든 걸 사은님의 은혜로 돌려드리는 삶을 다짐합니다.

○ 원기104년 11월 15일

먹통 단상

휴대전화가 먹통이 되었습니다. 갑자기 답답하고 불편한 상황이 되었습니다. 치과 치료 후 자동이체로 계산을 할 수 없었고 전화 통화, 카톡, 인터넷 검색 등 핸드폰의 모든 기능이 마비되었습니다.

물건에만 먹통이 있는 것은 아닙니다. 말이 안 통하는 어리석은 사람을 '먹통'이라고 합니다. 어리석게 자기 생각만 고집하는 답답한 사람이 있습니다. 상대하기도 싫은, 상대할 수도 없는 그런 사람입니다.

먹통의 이미지는 까맣고 막혀있습니다. 그래서 잘 보이지 않고 소통되지 않습니다. 두루 보지 못하고 깊게 보지 않으면 사물이나 인연 관계에서 먹통이 되기 쉽습니다. 휴대전화가 먹통이 되면 모든 기능이 정지되듯이 세상일에 먹통이 되면 바보 멍청이가 되기 쉽습니다.

그런데요. 휴대전화가 먹통이 되고 보니 상대적으로 좋은 점도 몇 가지 발견하게 됩니다. 정신 쏨쏨이와 시간의 쓰임이 핸드폰으로부터 멀어진 것이지요. 하나를 잃으니 다른 하나를 얻게 됩니다.

이렇게 보면 세상일에도 때로는, 상황에 따라 먹통이 되어볼 필요가 있습니다. 너무나 많이 사용하고, 너무나 많이 통하려고 하는 욕심이 결국 나를 잃고 정작 소중한 것들을 놓치게 됩니다.

모든 것이 꽉 막힌 그런 불통이 되라는 것은 아닙니다. 적당히 통하고, 적당히 막을 줄도 알아야 한다는 거지요. 밖으로 향하는 에너지를 막아야 함축된 영적 에너지로 참된 나를 키울 수 있습니다. 그래야 사랑이 샘솟고 은혜가 꽃처럼 피어날 수 있습니다.

오늘 핸드폰을 다시 개통하였습니다. 까맣던 화면이 밝게 보이고 쉬고 있던 기능들이 살아납니다. 그동안 먹통이었기 때문에 더 반갑고 소중합니다.

때로는 먹통이어서 발견하는 은혜가 있습니다.

○ 원기104년 11월 22일

작은 병이라도

요 며칠 사이 병원을 가는 일이 잦아졌습니다. 몇 주에 걸쳐 치과 치료를 하고 있고, 목소리에 이상이 생겨 이비인후과를 다녀오기도 했습니다. 아직 병원을 가진 않았지만, 오른발도 뒤꿈치부터 당기는 것이 여간 불편하고 신경 쓰이는 일이 아닙니다.

비교적 건강한 편이라 생각하고 살았는데 이젠 나이는 못 속이나 봅니다. 눈도 시원치 않고, 이렇게 하나둘씩 몸에 고장이 생기니 말이죠.

큰 병에 걸린 것은 아니지만 이렇게 작은 병들이 생길 때마다 걱정이 되고 몸과 마음도 다소 처지는 것은 사실입니다.
병 없기를 바랄 수는 없죠. 하지만 병을 미리 예방하고 병을 맞이해서는 잘 받아들이고 잘 치료하는 것이 무엇보다도 중요하다고 생각해 봅니다.

『보왕삼매론』에는
'바라는 마음을 버리는 열 가지 수행' 가운데 그 첫 번째로 이런 법문 말씀이 있습니다.

"몸에 병 없기를 바라지 마라.

몸에 병이 없으면 탐욕이 생기기 쉽나니,
그래서 부처님께서 말씀하시되 '병고로써 양약을 삼아라.' 하셨 니라."

'아파 보니까, 세상 욕심 다 헛것이더라.'

살아가면서 병이 생기는 것은 당연한 일입니다. 아파봐야 건강의 소중함을 알게 됩니다. 아파봐야 겸손하고 욕심을 내려놓기가 쉬워집니다. 아파봐야 이해심이 커지고 배려할 줄 알게 됩니다.

아픈 만큼 성숙해진다는 말도 있습니다. 몸도 마음도 아파봐야 성숙해집니다. 기고만장, 자신만만했던 나의 오만함을 되돌아보고 병들 수밖에 없는 자연의 섭리를 새삼 받아들이게 됩니다. 아파 봐야 공부심도 더 생기는 것 같습니다. 몸도 살피고, 마음도 살피는 불공을 할 수 있으니 말이죠.

작은 병이라도 아파지고 보니
이렇게 작은 깨우침을
새롭게 주시니 이 또한 감사합니다.

○ 원기104년 11월 29일

자식 걱정, 부모 걱정

지인의 아들이 취직했다는 기쁜 소식을 전해왔습니다. 부모의 마음은 얼마나 뿌듯하고 든든했을까 생각하면서 내 일인 양 기쁜 마음으로 축하해주었습니다.

그동안 많은 시간 가슴을 졸였겠지요. 부모로서는 딱히 해줄 수 있는 일이 없었기에 자식을 위해 마음으로 응원하고 정성껏 기도했을 것입니다.

저의 경우, 큰 녀석은 공무원 시험 준비에 작은 녀석은 대입 정시 준비에 바쁜 나날을 보내고 있습니다. 일주일에 한 번 보는 아이들에게
"공부는 잘되고 있냐. 실기 준비는 잘 되고 있냐."
이런 관심과 걱정의 말은 입 밖으로 꺼낼 수 없는 상황입니다.

"아빠, 부담 주지 마세요. 밥이라도 편하게 먹고 싶어요."
그래서 제가 할 수 있는 응원은 아이들의 어깨를 주물러 준다든지 힘차게 '파이팅'을 외쳐주는 일입니다. 힘내라고 가끔 맛있는 밥을 사주면서요.

본인들이 잘 알아서 하겠지만 부모의 마음은 하나에서 열까지

걱정이 가득합니다. 자식이 뭔지….
자식 눈치 봐야 하고, 조심스러운 게 한둘이 아닙니다. 자식을 키우는 모든 부모의 마음은 똑같겠지요.
이게 끝은 아니겠지요. '대학만 들어가 봐라.' 했지만 이젠 취직 걱정, 결혼 걱정, 손자가 안 생겨서 걱정, 잘 먹고 사는지 걱정, 아픈 곳은 없는지 걱정….
어쩌면 평생 자식 걱정에 잠 못 이루는 것이 부모의 마음입니다.

제가 자식 걱정을 하듯이 저의 어머니 또한 제 걱정을 하시겠지요. 건강은 괜찮은지, 교무로서 잘하고 지내는지…. 이젠 더하여 손자 걱정이 추가되셨습니다.

부모가 자식을 걱정하니 철든 자식은 부모를 다시 걱정합니다. 밥은 잘 챙겨 드시는지, 아픈 허리는 괜찮으신지, 계단에서 넘어져 다친 다리는 괜찮으신지, 자꾸 잊어버리고, 자꾸 한 말 또 하시는 부모님을 뵈면서 자식도 걱정이 계속 쌓여만 갑니다.

걱정에서 시작해서 걱정으로 끝나는 평생 걱정 인생은 부모로서, 자식으로서 어쩔 수 없는 숙명인지도 모릅니다.

무관심과 냉대보다는 적당한 관심과 걱정이 인간사 흐르는 따뜻한 정情입니다. 그 걱정으로 자식을 키워냈고, 부모님을 모셨습니다. 그 걱정에는 다 해주지 못한 미안함과 진한 사랑이 배어있습니다.

날씨가 매섭게 추워졌습니다. 우리 아이들이 옷은 따뜻하게 입고 다니는지, 어머니께서 보일러는 따뜻하게 틀고 지내시는지 오늘도 저는 자식 걱정, 부모 걱정을 해봅니다.

저의 걱정이 기원이고 기도가 되고 싶습니다.

○ 원기104년 12월 6일

워라밸[work life balance]

일과 삶의 균형!
워라밸은 현대인의 바쁜 일상에서 어떻게 삶의 의미를 찾아갈 것인가에 대한 고민이 만들어낸 신조어입니다.
일에 쫓기거나 파묻히다 보면 자기 삶에 여유와 행복이 그만큼 줄어들지요. 차마 그 힘듦의 시간 속에서 헤어 나오지 못하게 되면 정신은 곧 고갈되고 메마르게 됩니다. 황폐해진 정신[마음]으로 다시 일할 수는 없겠지요.

그래서 요즘 직장인들은 점심시간을 이용하여 헬스하거나 퇴근 후 취미생활로 삶의 에너지를 충전하기도 합니다. 바쁘게 돌아가야 하는 일속에서 워라밸은 그만큼 중요한 삶의 기준이 됩니다.

한편, 일을 통해 얻는 기쁨과 행복도 있습니다. 일은 단지 생계 수단에 필요한 직업적 요소가 아닙니다. 노동의 신성함과 일을 통해 얻는 성취와 보람은 우리를 매우 행복하게 할 수도 있습니다. 그런데, 실상 일이 많은 사람에게 일은 그냥 일일 뿐이게 되죠.

일과 삶의 균형뿐만 아니라 행복한 삶을 살기 위해서는 여러 분야에서 '균형[balance]'을 잡는 것이 무척 중요합니다.

몸과 마음의 균형!
일과 공부의 균형!
물질과 정신의 균형!

주와 종은 있겠지만 둘 간의 적절한 균형은 꼭 맞추어야 할 삶의 저울입니다. 한쪽에 치우쳐 균형이 깨지면 곧 병이 들 수밖에 없습니다. 일을 통해 사회적 성공은 이루었다 하더라도 정작 잃어버린 자신과 깨지고 상처 난 가족의 행복은 돌이킬 수 없는 후회로 돌아옵니다.

소태산 대종사님께서는 균형 잡힌 삶의 길을 제시해 주셨습니다. 대표적으로 영육쌍전靈肉雙全과 이사병행理事並行을 들 수 있는데요. 영육쌍전은 정신과 육체가 함께 온전해야 하고, 이사병행은 공부와 사업을 함께 실천하는 가르침입니다. 원불교적 워라밸이라고 할 수 있죠.

우리 인생은 가끔 곡예사가 줄타기하는 것인 줄도 모릅니다. 한 발 한 발 내딛는 발자국이 좌우로 흔들리면서 조심스럽고 위험하게 보입니다. 하지만 중심을 잘 잡고 좌우 균형을 잘 맞추다 보면 무사히 목적지에 도달할 수 있습니다.

내 삶이 어느 한쪽에 치우쳐 있는지 아닌지 잘 살펴서
균형 잡힌 행복한 삶이 되시길 기원합니다.

○ 원기104년 12월 13일

너의 모습을 보여줘![Show yourself]

영화 '겨울왕국 2'를 봤습니다. 관객 수가 1,200만 명이 넘었다고 하니 대단한 영화임에는 틀림이 없네요. 애니메이션의 환상적인 영상과 흥미진진한 이야기는 재미와 큰 감동을 주었습니다.

이 영화는 숨겨진 과거의 비밀과 새로운 운명을 찾기 위해 모험을 떠나는 엘사와 안나의 이야기를 그린 영화입니다.
영화는 OST로도 유명한데요. 겨울왕국 1이 단연 'Let it go'였다면, 겨울왕국 2에서는 'Show yourself'가 큰 울림으로 다가왔습니다.

엘사는 자신의 초능력이 왜 생겼는지, 자신에게 부여된 사명이 무엇인지, 왕국에 닥친 위기를 어떻게 헤쳐 나갈 것인지 그 비밀들을 하나씩 풀어나가게 되죠. 이러한 흐름 속에서 흘러나오는 배경음악이 바로 '너의 모습을 보여줘![Show yourself]'입니다.

다른 사람과는 다른 모습, 평범한 규칙들에서 벗어난 모습, 그 감추어진 모습을 드러내고 참다운 모습, 진실의 모습을 드러내라는 요청입니다.

누가 나에게 "너의 모습을 보여줘!"라고 했을 때 나는 내 모습을 있는 그대로 보여 줄 수 있을까요?
속으로 꼭 감추기도 하고 겉으로는 잘 치장하고 포장하기도 하죠.
그런데 정작 애석한 것은 어떤 모습이 나의 참다운 모습인지 나도 잘 모를 때가 있습니다.

과연 나의 참모습은 어떤 모습일까요?

영화 OST에는 이런 가사가 있습니다.
"너의 문을 열고[open your door]
지금 나에게로 와[come to me now]"

마음공부를 하는 우리에게는 이렇게 노래할 것 같습니다.

"마음의 문을 열고
진실한 너의 모습을 찾아봐.
그러면 고귀하고 진실한 너를 만날 거야."

너의 모습을 보여줘![Show yourself]

나의 참모습을 그대로 보여 주시길 바랍니다.
평화와 행복이 거기에 있습니다.

○ 원기104년 12월 20일

원작과 짝퉁

국내 유명 게임이 중국의 베끼기로 큰 어려움을 겪고 있다는 뉴스를 접했습니다. 오히려 원작의 자리를 넘볼 정도로 큰 인기를 끌고 있다고 하는데요. 이에 따라 경제적으로도 큰 피해를 볼 수밖에 없겠죠.

'원작과 짝퉁'

짝퉁은 가짜나 모조품을 속되게 이르는 말인데요. 원작을 아무리 비슷하게 모방할지라도 짝퉁이 원작이 될 수는 없습니다. 독창성, 역사성 등 원작만이 갖는 고유의 특성이 있기 때문입니다.

문제는 짝퉁이 원작을 밀어내고 판을 치는 경우입니다. 전문가가 아닌 이상 원작과 짝퉁을 구별하기란 쉬운 일이 아닙니다. 짝퉁이 오히려 원작으로 둔갑하는 그런 일도 있고요. 그래서 진품과 위조품을 판정하는 눈이 중요할 수밖에 없습니다.

예전에 〈요지경〉이라는 노래가 유행했던 적이 있었는데요. 그 가사를 좀 살펴보면,
"세상은 요지경, 요지경 속이다.
여기도 짜가, 저기도 짜가, 짜가가 판친다."

'짜가'라는 표현은 가짜를 더 속되게 표현한 말인데요. 그만큼 진짜, 진품, 진심, 진실이 실종된 사회를 안타깝게 풍자한 노래라고 생각합니다.

나의 삶은 어떤 인생인지 반문해 봅니다.
원작 인생인지, 짝퉁 인생인지 말이죠.
나만의 진실한 삶을 사는지, 남의 흉내만 내다가 나를 잃고 사는 것은 아닌지….

비슷비슷한 모습, 비슷비슷한 세상에서 원작이라야 빛이 나고 오래갈 수 있습니다.
나만이 갖는 고유의 색깔, 나만이 할 수 있는 고유의 재능을 키워 가면 좋겠습니다. 같은 것 같지만 다른 나의 원작을 말이죠.

이름과 말과 겉만 번지르르한 짝퉁○○가 되지는 말아야겠습니다.

○ 원기104년 12월 27일

선한 영향력

2020년 새해에 드리는 첫 번째 '원만이의 편지'입니다.
일상에서 느끼는 작은 깨달음의 소식을 함께 나누고 싶은 마음에 올해에도 편지를 이어갑니다. 아주 부족하지만 먼저 저 자신을 일깨우고 작은 은혜라도 함께 나누며 살고자 합니다.

배우 이서진 씨가 1억 원을 기부해서 2020년 첫 아너 소사이어티 회원이 되었다는 뉴스를 접했습니다. 이서진 씨는 대중에게 늘 많은 사랑을 받아온 만큼 선한 영향력을 끼쳐야 한다는 생각에서 기부를 결정했다고 합니다.

'선한 영향력'

연예인들의 영향력은 대단하죠. 입는 옷과 가방, 액세서리 등 패션에 관한 것이 금세 유행의 아이콘으로 떠오르기도 하고, 말 한마디, 행동 하나가 큰 화제가 되기도 합니다. 대중에게 미치는 영향력이 그만큼 크다는 것이지요.

소태산 대종사님 법문에 의하면,
"한 마음이 선하면 모든 선이 이에 따라 일어나고, 한 마음이 악하면 모든 악이 이에 따라 일어난다."라고 하셨습니다. 한 사람의 선인이 선한 세상을 만들 수 있는 것이 '선한 영향력'이라 말할 수 있습니다.

누군가 착한 일을 할 때 감동하고 손뼉 치며 칭찬하는 일은 쉽게 합니다. 그런데 나도 저렇게 해야겠다고 행동까지 나가는 경우는 어려운 것 같습니다.

좋은 일인 줄 알면서도 정작 못하는 이유는 무엇일까요?
선한 행동의 버릇이 들지 않았기 때문입니다. 할 수 있는 것이 없어서가 아니라 하지 않기 때문이죠.

착한 일 하는 사람은 계속 착한 일을 하려고 합니다. 착한 습관이 배어있는 거죠. 처음엔 따라 하다가 나중에는 찾아서 참여하게 됩니다. 선행을 통해 행복해진 마음이 지속적인 행복감을 증진하게 됩니다. 그러면서 주위에 영향력을 미치게 되겠죠.

우선 작은 것이라도 실천하는 노력이 중요합니다. 거리의 휴지를 줍는 일, 지하철 계단에서 어르신의 짐을 들어드리는 일, 상대방을 향한 예쁜 말과 밝은 미소도 작지만 소중한 선한 영향력입니다.

내 안에서 일어나는 자그마한 울림이 스스로 행복해지는 길을 선택하고 행동하면서 주변을 차츰차츰 변화시키게 되는 거죠.

선행을 통한 미행과 미담은 우리들의 마음을 따뜻하고 행복하게 합니다. 우선, 그런 선행에 감동하고 칭찬하는 것부터 시작입니다.

경자년[흰 쥐띠 해] 새해에도 건강과 지혜와 복이 충만하시어 은혜롭고 행복한 삶이 되시길 기원합니다.

○ 원기105년 1월 3일

계획과 실행

시간이 참 빨리 가죠. 2020년 새해를 맞은 지 벌써 10일이 지났습니다. 이제 시작이니만큼 급할 건 없지만 나에게 주어진 값진 시간을 그냥 허송할 순 없습니다.

올 한 해 계획은 잘 세우셨나요?
그 계획은 잘 실천되고 있나요?
혹시 '작심삼일作心三日'로 끝난 것은 아니겠지요.

처음에는 잘해보려는 마음을 내보지만 금세 게을러지고 마음대로 안 되면 금세 포기하게 됩니다. 그래도 우리는 하고 또 할 뿐입니다. 될 때까지!

마이클 블룸버그는 "다른 사람들은 몇 달 동안 계획만 하지만 우리는 첫째 날부터 실행한다."라고 했습니다.
계획도 중요하지만 정작 중요한 것은 '실행'이라는 뜻인데요. 사실 계획도, 실행도 어려운 건 사실입니다. 그런데, 모든 성공에는 계획과 실행의 공식이 필수적이라는 사실은 변할 수 없습니다.

조지 S. 패튼은 "지금 적극적으로 실행되는 괜찮은 계획이 다음 주의 완벽한 계획보다 낫다."라고 했습니다.

계획은 실행을 통해 성공의 꽃을 피울 수 있습니다. 올 한 해 나는 너무 많은 벅찬 계획을 세우진 않았는지, 허황하고 무모한 계획을 세우진 않았는지, 원하는 건 많은데 정작 허술한 계획에 머물진 않는지, 아예 무계획의 계획을 세우진 않았는지 반성해 봅니다.

오히려 작지만, 알찬 계획이 바람직한 실행으로 이어지고 그 실행이 성공으로 나아갈 수 있습니다. 그 작은 성공은 자신감을 느끼게 되고, 그로 말미암아 이전보다는 더 큰 계획으로 도약할 수 있습니다.

계획을 실행하다 보면 예기치 않은 변수가 생기기도 합니다. 그러한 변수에 유연하게 대처할 수 있는 마음의 여유와 올바른 상황판단을 할 수 있는 지혜도 필요할 것입니다.

원불교에서는 모든 일에 대해 계획, 실행, 점검하는 공부법을 밝히고 있는데요.
이를 소개하면 다음과 같습니다.

1. 일의 형세를 보아 미리 연마하라. [계획]
2. 일을 하는 데 온전한 생각으로 취사하라. [실행]
3. 계획대로 실행이 되었는지 못 되었는지 대조하라. [점검]

계획은 구체적으로
실행은 단호하게

점검은 철저하면서 다시 희망차게 하면 좋겠습니다.

행여 잘 안된다고 실망하거나 포기하지 말고
다시 새로운 마음으로 출발하면 좋겠습니다.

○ 원기105년 1월 10일

결심만 하지 말고 환경을 바꿔라

새해가 되면 많은 결심을 하게 됩니다. 지난해를 거울삼아 새로운 계획을 세우죠. 다이어트, 운동, 공부, 취미생활, 연예….
꼭 해야겠다고 굳게 다짐합니다. 하지만 결심은 하는데 그 계획을 성공적으로 이끄는 것은 매우 어렵습니다.

서울대 심리학과 최인철 교수의 칼럼 '삶을 성공적으로 바꾼 사람들'에서는 이렇게 말합니다.

"결심만 하지 말고 환경을 바꿔라."

예를 들어 운동하고 싶으면 헬스장에 가라고 권합니다. 운동을 유도하는 환경에 자신을 노출하라는 거죠. 환경이 사람의 마음을 바꾸고 주변의 사람들이 내 마음을 바꾸기도 합니다. 그 마음을 지속시키는 것이 성공의 필수요건입니다.

생각과 의지는 행동을 촉진하지만, 단순한 결심만으로는 성공으로 이끌지 못합니다. 결국 결심을 실제 행동으로 이어가는 것이 중요합니다.

결심이 1차 작업이었다면 그것을 실천할 환경을 만드는 것은 2차

작업이 됩니다. 이에 한 가지 더 추가한다면, 실행 여부를 대조하는 시스템을 갖추는 것입니다.

원불교에서는 이를 '유무념 대조공부'라고 말합니다.

하기로 한 일을 실행했으면 ○, 실행하지 않았으면 X로 매일 점검하는 일기법입니다.

원불교 2대 종법사이셨던 정산 송규 종사께서는
"결심은 특이하게 처신[행동]은 평범하게 하라."고 하셨습니다.

결심은 정확하고 단단하게 할 필요가 있습니다. 결심을 다른 사람에게 공개한다면 그 약속을 지키기 위해 더욱 노력하겠죠. 행동을 평범하게 하라는 것은 평범한 일상이 되어야 한다는 의미입니다. 작은 일부터 하나씩 매일 빠지지 않고 실천하는 거죠.

"결심만 하지 말고 환경을 바꿔라."

일단 결심부터 해야 할 일입니다.
그다음엔 무엇을 바꿔야 할까요?

○ 원기105년 1월 17일

경자년庚子年 새해 인사

내일이 민족 고유의 명절 '설날'입니다. 지난 1월 1일 새해를 맞이하긴 했지만, 새로운 기분과 기원은 설날이 제대로입니다.

설날이면 새해의 소망을 기원하고 웃어른께 세배를 올립니다. 최고의 인사와 덕담은 아마도 '건강과 복'의 기원일 것입니다. 건강도 복에 속하긴 하지만 특별히 둘을 나누는 이유는 건강이 가장 중요하기 때문이겠지요.

저 또한 나이가 들수록 건강이 제일이라는 생각이 듭니다. 몸 건강뿐만 아니라 마음 또한 기쁨과 은혜로 충만하면 좋겠습니다. 그렇게 되길 기원합니다.

2020년 경자년 쥐띠 해는 육십갑자 중 37번째로 경庚이 백색, 자子가 쥐를 의미하는 '하얀 쥐의 해'랍니다.
흰쥐는 쥐 중에서도 가장 우두머리에 해당하며 지혜롭고 만물의 본질을 단번에 꿰뚫어 보는 능력을 지녔다는 말도 있습니다.
그렇기에 어느 환경에서든 판단이 빠르며 적응력이 뛰어나고 만약 난처한 상황에 놓이더라도 위기를 잘 극복해 나간다고 합니다.

우리 삶에는 힘과 지혜가 다 필요합니다. 힘이 엔진이라면 지혜는 운전대와 같습니다. 아무리 강한 힘을 가졌다 하더라도 지혜가 부족하여 운전을 잘못하면 사고가 나기 쉽죠.

원불교 2대 종법사이신 정산 송규 종사께서는
"남을 이기는 법이 강으로만 이기기로 하면 최후의 승리는 얻기가 어려우나, 부드러운 것으로써 지혜로이 이기면 최후에 승리하는 법이 있나니, 물이 지극히 부드러운 것이로되 능히 산을 뚫는 것 같나니라."라고 하셨습니다.

경자년 새해에는
밝은 지혜로 모든 어려움을 극복하고
부드러운 언행으로 모든 사람과 좋은 인연이 되고
더 큰 마음으로 은혜로운 세상 만드는 주인공이 되고
하고자 하는 모든 일이 뜻과 같이 이루어지길 기원합니다.

"새해 복 많이 받으세요."

○ 원기105년 1월 24일

버려야 할 것들

오는 2월 3일(월)에 교당이 이사하게 되었습니다. 교당을 새로 짓기 전까지 당분간 임시교당에서 살게 됩니다. 그 기간이 얼마가 될지는 모릅니다. 그래도 새집을 짓고 그곳으로 간다는 희망에 잠시의 불편함과 고생은 아무런 문제가 되지 않습니다.

이사를 준비하다 보니 버려야 할 것들이 참으로 많습니다. 그동안 쌓아놓았던 것들을 바라보면서 '비우고 놓기'를 말로만 했던 저 자신이 조금은 부끄러웠습니다.

큰 공간에서 살다가 작은 곳으로 이사하다 보니 짐을 줄일 수밖에 없습니다. 그래서 세운, 비장한 이사의 원칙이 있습니다.

"과감하게 버리자!"

교당 물건도 꼭 가져가야 할 것, 다른 교당이나 사람에게 줄 수 있는 것, 버려야 할 것 등으로 분류해서 정리하고 있습니다.
개인적으로도 10년 이상 한 번도 안 본 책들, 최근 몇 년간 한 번도 안 입은 옷들, 한 번도 사용하지 않은 물품들을 과감하게 버리기로 했습니다.

그래도 미련과 서운함이 남고 추억이 담긴 물건들을 보면서 아깝다는 생각도 듭니다. 잠시 내놓았던 물건을 살짝 거두는 것도 있습니다. 집착이 아닌 애정이라 생각하면서 말이죠.

버린다는 것은 욕심과 집착을 놓은 것입니다. 맘 한번 크게 먹으면 놓을 수 있는 것인데 현실의 욕심은 자꾸 남기고 싶어 합니다. 그래서 맨 처음을 생각해 봅니다. 처음부터 있었던 것은 아무것도 없으니 말이죠.

털어내고
버리고
나누면 공간이 생기고 깨끗해집니다.
내가 감당해야 할 삶의 무게도 조금은 가벼워지겠지요.

지금
나는
무엇을 버려야 할까요?

"과감하게 버리자!"

○ 원기105년 1월 31일

인생이 뭐 별건가요

최근 어떤 일로 낙담하고 있는 가까운 인연에게 이렇게 말했습니다.

"인생 별거 없다. 마음 편한 것이 제일이다."

말은 쉽게 했지만, 참 어려운 일입니다.
"네가 아프니 내가 아프다."
아프긴 하지만 그 사람만큼은 한참 모자라겠죠.

실패하고 실망하는 일은 인생사 당연한 일입니다. 하지만 꿋꿋한 의지로 다시 일어나 앞으로 나아가죠.
실패는 새로운 희망으로, 실망은 새로운 용기로 나아가는 것이 우리가 가진 위대한 삶의 의미요, 에너지입니다.

누군가는 매사에 정확해야 하고, 꼭 지켜야 하고, 반드시 이루어야 하는 강박증에 시달리곤 합니다. 살아보니까, 이건 아니더라고요. 그렇게 한다고 꼭 되는 것도 아니고요. 처음부터 대충대충 해서는 안 되겠죠. 하지만 모든 일에 사활死活을 거는 너무 긴장되고, 그렇게 팍팍한 인생은 참 힘들고 재미가 없습니다. 때로는 슬렁슬렁, 여유 부림도 필요한 것이 우리네 인생입니다.

근심 걱정을 머리에 잔뜩 이고 사는 사람보다 편안하고 여유롭게 사는 사람이 행복 지수가 높을 수밖에 없습니다.

나이 드신 어르신들의 인생담을 들어보면 그렇습니다.

"인생 별거 없더라."

아등바등 너무 자기 삶에 목매고 살지 않았으면 좋겠습니다.
다시 또 하면 됩니다.
즐길 수 있는 일과 취미, 적당한 여유와 휴식, 나눔과 봉사로 얻는 기쁨, 그리고 무엇보다도 중요한 사랑하는 사람과 함께 보내는 시간 등.

아이고, 적고 보니
이렇게 살기가 참 어려운 일이군요.

그래도 제가 하고 싶은 말은 우리 인생, 너무 팍팍하고 심각하게 살지 말자는 것이지요.

"인생 별거 없더라고요."

단순히 위로의 말이 아니라
삶의 지혜입니다.

○ 원기105년 2월 7일

위에서 바라보기

교당 이사 후 큰 변화 중 하나가 많은 시간을 1층이 아닌 4층에 머문다는 것입니다. 교당 사무실이 4층이기 때문인데요. 예전 교당 사무실은 1층이었고 벽면도 막혀있어 거리의 풍경을 거의 볼 수 없었습니다.

새로 이사 온 교당은 도로변 쪽에 큰 창이 있어 좋습니다. 창가 쪽에 책상을 놨더니 자연스럽게 보이는 풍경이 위에서 아래를 바라보게 되었습니다. 위에서 아래를 본다는 것은 넓은 시야에서 더 많은 것들을 찬찬히 볼 수 있다는 것이더군요. 쉽게 말하면 조망이 좋아진 것이지요.

요즘 지도 검색도 항공뷰를 통해서 거리와 건물의 위치와 모양을 매우 생생하게 찾아볼 수 있는 서비스를 제공하고 있죠. 그래서 예전보다 더욱 쉽고 정교해진 정보를 얻을 수 있습니다. 이 또한 위에서 아래를 보기 때문에 가능한 일입니다.

'위에서 바라보기'

어느 방향에서 바라보느냐에 따라 대상은 달리 보입니다. 앞에서, 옆에서, 밑에서, 위에서. 같은 대상인데도 각각 다른 모습으로 나타나죠.

눈으로 바라보는 세계뿐만 아니라 그 사람의 생각과 관점에 따라 다양한 시각의 차이, 견해의 차이가 생기게 됩니다. 앞도 옆도 봐야 하지만 위에서 아래를 바라보는 전체적인 시각도 꼭 필요합니다.

위에서 아래를 바라본다는 것은 거시적, 대국적으로 관찰한다는 것인데요. 부분보다는 전체를, 당장 눈앞의 것보다는 더 멀리 바라볼 수 있는 시각이지요. 큰 그림을 볼 수 있어야 큰 계획을 세울 수 있습니다.

원불교 2대 종법사이신 정산 종사께서는
"소아小我를 놓고 전체를 살피며 근近에 얽매이지 않고 원遠을 관찰하여 대국적으로 처사"하는 것이 지도인의 처사 중 하나라고 말씀하셨습니다.

창문을 통해서 바라본 외대역 앞 풍경은 오가는 사람들의 분주함으로 가득 차 있습니다. 소소한 우리들의 일상 그대로입니다. 과일을 파는 노점상 할머니, 그 옆을 지키는 군고구마 장사 아저씨, 그 모습을 4층에서 바라보는 제가 있습니다.

이젠 옥상에 올라가 걸릴 것 없이 푸른 하늘도 맘껏 보고 싶습니다. 그 하늘을 보기 위해선 이번엔 아래서 위를 바라봐야 합니다. 그래야 하늘을 볼 수 있습니다.

○ 원기105년 2월 14일

바이러스[virus]

요즘 '바이러스'라는 말만 들어도 흠칫 놀라며 뒤로 물러서게 만듭니다. 하루빨리 진정되길 바랐는데 갑자기 늘어난 확진자로 걱정과 불안은 점점 커져만 갑니다. 이래저래 몸도 마음도 바짝 움츠리게 됩니다.

생물학적 의학적 상식이 아닌 저의 짧은 견해로 보건대, 바이러스[virus]는 보이지 않고 전염성이 강하고 불안과 공포를 가져다주는 매우 무서운 존재입니다.

이런 이유로 바이러스는 우리에게 부정적 이미지로 각인되어 있습니다. 인체에 해를 가하는 바이러스는 물론 컴퓨터의 운영체제와 프로그램을 망가뜨리는 컴퓨터 바이러스도 있죠.

그런데요. 지금까지 인류의 생존적 의지는 이런 바이러스를 지혜롭게 극복해 왔습니다. 병이 생기면 그 치료 약이 개발되었고, 바이러스를 퇴치하기 위한 백신[vaccine]이 나왔죠. 아무리 신종 바이러스라고 해도 우리는 충분히 이겨내리라고 믿습니다.

요즘 같은 심각한 상황에서도 바이러스에 대한 긍정적 이미지의 전환을 생각해 봅니다. 그것은 '웃음 바이러스, 행복 바이러스'와 같은 선善한 바이러스들에 대한 이름입니다.

웃음 바이러스가 퍼져 모두가 함께 기쁨의 웃음을 웃고 행복 바이러스가 퍼져 모두가 함께 행복한 세상이 되는 것이지요. 퍼지면 퍼질수록 전염되면 전염될수록 치명적인 행복이 밀려올 것입니다.

하루빨리 신종 코로나바이러스가 진정되고 안정화의 단계에 들어서길 기원합니다. 혹시 감염되신 분들은 하루빨리 완치 판정을 받고 더 이상 나쁜 바이러스로 인해 불안해하지 않길 바랍니다.

먹구름이 지난 뒤에 밝은 햇살이 비춥니다. 나쁜 바이러스가 하루빨리 지나가고 좋은 바이러스들이 우리들의 몸과 마음을 행복하게 하면 좋겠습니다.

새봄이 소리 없이 찾아오듯이 어느 순간 봄의 생명의 기운이 몰려와 싹을 틔우고 꽃을 피워낼 것입니다.
조금만 참고 기다립시다.

○ 원기105년 2월 21일

두려움을 벗어나는 길

요즘 코로나19 바이러스로 인한 불안과 공포가 날로 심해져 가고 있습니다. 모든 것이 조심스럽고 위축되고 있습니다. 하루빨리 진정 국면에 들어서야 할 텐데 큰 걱정입니다.

교당에서도 지난 2주간 법회를 쉬었고 앞으로 3월 8일(일)까지 교단적 차원에서 휴회를 결정하였습니다. 해야 할 일을 못 해서 걱정이 크지만, 더 이상의 확산을 막기 위해선 꼭 필요한 조치입니다. 서로 협력하여 이 위기를 반드시 극복해야 합니다.

우리는 잃는다는 것에 대한 두려움이 있습니다.
재산, 명예, 권력, 사랑 등. 내가 소중한 것이라 여겼던 것들이 사라질 때 그 상실감은 이루 말할 수 없습니다.

그런데 가장 큰 두려움은 '생명'과 직결되어 있죠. 병에 걸린다는 것은 건강을 잃는다는 것이고, 건강을 잃는 것은 결국 생명을 잃는 것이 되죠. 특히 사회 전체에 미치는 전염병은 우리의 일상적 안정과 평화가 급격하게 깨지기 때문에 더욱 무섭습니다.

혹시 나도 걸리지 않을까, 하는 막연한 두려움이 지금 우리를 떨게 합니다. 외출과 활동이 제한되고, 될 수 있으면 사람과의 대면접촉을 피해야 하는 상황입니다. 이에 따라 무력감은 물젖은 솜처럼 점점 무거워져만 가고 있는 현실입니다.
『반야심경』에 '무유공포無有恐怖'라는 단어가 나옵니다. 보살은 '반야바라밀'에 의지하는 고로 마음에 걸림이 없으며 걸림이 없으므로 두려움이 있지 않다고 했습니다.

반야바라밀은 실상을 직관하는 지혜를 말하는데요. 우리의 마음이 걸리고 막히는 이유는 실상을 제대로 보지 못하기 때문입니다. 모르면 걸리고 막히게 됩니다.

지금 우리에게 필요한 반야바라밀[지혜]은 코로나19 바이러스에 대해 정확히 알고 그 대처법을 제대로 익히고 실천하는 일입니다. 괜한 두려움에 떨지 말아야 하는 거죠.

우리가 마주하고 있는 실상은 코로나19 바이러스이고, 그것이 주는 공포입니다. 그런데 좀 더 정확한 실상은 바이러스를 바라보는 우리의 마음 현상입니다.

잘못된 정보로 혼란스럽고 오해와 억측과 과장으로 두려움을 조장하는 일은 없는지….
두려움은 두려움을 낳고 두려움의 전염력은 국가 전체를 공포로 몰아넣게 됩니다.

나의 존엄하고 강인한 생명의 힘을 믿어야 합니다. 보건당국과 의료진의 헌신적인 치료의 힘을 믿고, 위기를 슬기롭게 돌파하는 올바른 국민의 의식을 믿어야 합니다.

두려움은 마음이 만들어내는 허상에 불과합니다. 또한 궁극적으로는 '나와 내 것'이라는 집착과 욕심에서 벗어나면 두려움은 사라지게 됩니다. 실상을 제대로 관조하는 것이죠.

두려움 또한 전염력이 강합니다. 그런데 용기와 자신감은 더 강한 전파력을 갖고 있습니다. 서로에게 힘이 되고 기운이 나는 말과 누군가에게 희망이 될 수 있는 선행의 전파력이 필요한 때입니다.

하루빨리 안정과 평화가 회복되길 기도합니다.

○ 원기105년 2월 28일

그래도 꽃은 피어나고

교당 이사 후 불단 양쪽에 화분을 놓아두었습니다. 노랗게 핀 호접란 꽃송이들이 나비가 날개를 펼친 듯 화사한 모양을 뽐내었습니다. 작은 불단이지만 꽃으로 장엄하니 일원상이 더 빛나 보입니다.

며칠 전, 작은 꽃망울이 터져 꽃을 피웠습니다. 연둣빛 몽우리가 속살을 보이면서 한 겹 두 겹 벌어지는 광경은 오묘하더군요. 연두에서 노랑으로 차츰 변해가는 색깔의 조화는, 보는 저에게 황홀함을 느끼게 하였습니다.

이제 작은 꽃망울들이 연이어 꽃피울 기세를 하고 있는데요. 그걸 지켜보는 두근거림과 재미는 혼자 보기엔 아까울 정도입니다.

코로나19 바이러스로 인해 모든 것이 걱정이고 혼란스럽습니다. 여유가 없고 조심스럽습니다. 찬바람에 아직도 몸을 움츠리게 됩니다.

그래도 꽃은 피어납니다.

봄이 오니 꽃이 피는 것이 아니라 꽃이 피니 봄인 것을 알게 됩니다. 꽃이 없는 봄은 상상할 수 없으니 말이죠.

꽃은 피었지만, 꽃을 감상할 수 있는 여유가 없습니다. 일에 쫓기고, 시간에 쫓겨 사니 꽃이 피어도 눈에 들어올 리 없습니다. 오래 머물러 지긋하게 감상하지 못합니다.

절망 속에서도 꽃은 피어납니다.
사랑의 꽃, 희망의 꽃을 봅니다.

서로 걱정해 주는 마음에서, 서로 조심하고 지키는 마음에서, 내가 먼저 상대방을 도우려는 마음에서, 작은 꽃들은 곳곳에서 피어납니다. 그 꽃들이 모여 꽃 대궐을 이루고 우리 사는 세상은 꽃마을로 변해갑니다.

찬바람 속에서도 매화와 산수유가 꽃망울을 터트렸습니다. 이어서 봄꽃들이 차례로 피어날 것입니다. 우리 일상에서도 곧 웃음꽃이 피어나겠죠. 그 환한 웃음으로 모든 근심과 걱정은 한순간에 사라집니다.

그래도 꽃은 피어납니다. 꽃이 피니 봄입니다.
봄이여, 어서 오소서.

○ 원기105년 3월 6일

다시 봄

다시 봄
기어코 올 것이 왔다
기쁘고 반갑다

다시 봄
찬찬히 지긋이 본다
이제야 제대로 보인다

다시 봄
알 것 같다
맑고 영롱한 그대여!

○ 원기105년 3월 13일

넷,
그래, 그럴 수도 있지

사회적 거리, 마음의 거리

코로나19 바이러스 전염 확산을 방지하기 위해 사회적 거리 두기가 강조되고 있습니다. 가능한 외출과 모임을 자제하고 부득이한 경우에는 적당한 거리를 유지해야 합니다.

사람이 만나고 모여야 사람 사는 맛이 나는데 그러질 못하니 사는 것이 영 말이 아닙니다. 가능한 다른 사람과의 접촉을 피하고 멀리하는 것이 하루빨리 정상적인 일상으로 돌아오는 길이라고 합니다.

조금은 답답하고 무기력한 것이 사실입니다. 몸의 활동이 제한되다 보니 마음 또한 위축됩니다. 자의에 의해서가 아니라 공동체의 선을 위해 사회적 거리 두기가 꼭 필요합니다. 우리가 모두 조금 불편하더라도 '잠시 멈춤'을 통해 하루빨리 모든 것이 안정화되길 기대해 봅니다.

사람 사이에는 물리적인 거리도 있지만 대하는 친밀함의 거리가 있습니다.
"나, 그 사람하고 가까워."
"나, 그 사람하고 좀 멀어."

누구에게나 가깝고 먼 사람이 있습니다. 내가 좋아하는 사람은 가까울 것이고 내가 싫어하는 사람은 멀게 느껴집니다. 몸은 가까워도 마음은 멀게 느껴지는 사람도 있고 몸은 멀어도 마음은 가깝게 느껴지는 사람도 있습니다. 결국 마음의 거리에 따라 친·불친이 갈립니다.

사회적 거리 두기는 꼭 필요합니다. 그렇다고 해서 마음의 거리까지 멀어질 순 없습니다. 눈으로 볼 수 없다면 귀로 들으면 됩니다. 요즘은 영상통화도 가능하니 직접 대면의 아쉬움을 그나마 달랠 수도 있을 것 같습니다.

몸이 멀어지면 마음도 멀어진다는 말이 있습니다. 몸이야 어쩔 수 없이 사회적 거리 두기를 해야 하지만 마음의 문까지 걸어 잠가서는 안 되겠죠. 몸과 마음의 거리는 좁히면 좁힐수록 좋습니다. 몸과 마음이 좀 더 가깝게 만날 수 있는 날이 하루빨리 오길 기대합니다.

오늘이 춘분春分입니다. 경남 진해에는 벚꽃이 피었다고 합니다. 봄의 시작은 참담했지만, 봄의 중간과 끝은 화려하면 좋겠습니다.

그래도 꽃은 피고 봄 아지랑이는 피어납니다.

○ 원기105년 3월 26일

소중한 것들

시인 박목월의 〈목련꽃 그늘 아래서〉를 음미합니다.

"목련꽃 그늘 아래서 베르테르의 편질 읽노라.
~ 중략 ~
돌아온 사월은 생명의 등불을 밝혀든다.
빛나는 꿈의 계절아 눈물 어린 무지개 계절아."

벌써 목련이 졌더군요. 개나리 진달래는 막 피어나 새 옷을 입었고요. 4월의 노래가 시작되기도 전에 봄의 첫 꽃들은 지고 새로운 꽃과 잎들이 얼굴을 내밀었습니다. 이렇게 천지자연은 새로움으로 변해갑니다.

오랫동안 코로나19 사태가 지속되다 보니 평소에 당연하다고 여겼던 것들이 더욱 소중하게 다가옵니다.
한마디로 '일상의 소중함'인데요.

차를 마시고, 음악을 듣고
산책하고, 맛있는 음식을 먹고
좋은 사람과 만나 대화를 하고….

외출과 모임이 전면 금지된 다른 나라에 비하면 우리야 어느 정도의 일상을 꾸려가고는 있죠. 그래도 많은 것이 제약받는 상황에서 불편함과 답답함이 참 많습니다.

가끔 주위 교무님들이 안부 전화를 해주십니다. 어떻게 지내느냐고. 교당 이사 후 뭔가 해보려고 했는데 '개점휴업' 상태라고 말합니다.

교당 입장에서는 매주 법회를 봐야 하는데, 답답할 노릇입니다. 1년의 교화 계획과 행사도 많은 부분 엉클어져 버렸고요. 이렇게 발목이 잡힌 상황에서 교무로서 저의 일상도 많은 부분에서 정지되거나 흐트러져 버렸습니다. 가장 아쉬운 건, 보고 싶은 교도님들을 볼 수 없다는 사실이고요.

있을 땐 몰랐는데 없으니까 느끼는 그런 것들, 당연하다고 여겼던 것들, 작지만 꼭 필요했던 것들, 이번 기회에 생각하는 '소중한 것들'입니다.

원불교의 경전인 『정전』 사은 장에는 "만약 없어서는 살 수 없다면 그같이 큰 은혜가 또 어디 있으리오."라는 법문이 있습니다.

평소 간과했던 은혜, 사랑, 감사 등이 더욱 소중하게 다가옵니다. 우리들의 일상이 평안하길 기도합니다.

○ 원기105년 3월 27일

유튜브[YouTube] 세상

가히 '유튜브' 세상이라 할만합니다. 몇 년 전까지만 해도 '인터넷'을 외쳤다면 이제는 유튜브 중심의 사고와 생활 방식에 따라 살아갑니다. 정확히는 인터넷 세상이 유튜브 세상을 만든 것인데요. 좀 더 직접적인 영향력을 발휘하고 있습니다.

예전에 이런 말이 한창 유행했었는데요.

"모르면 네이버에 물어봐."

책이나 지자知者를 통해 얻었던 지식을 인터넷 검색을 통해 쉽게 알 수 있게 되었지요. 그런데 지금은 문자 정보를 넘어 동영상을 통해 직접 그 정보를 보여주고 들려주는 시대입니다.

유튜브는 당신[You]과 브라운관[Tube, 텔레비젼]이라는 단어의 합성어라고 합니다. 사용자가 동영상을 업로드하고 시청하며 공유할 수 있는데요. 누구나 개인 방송국이 되는 시스템입니다. 유명 유튜버면 고수익을 올린다고도 하고요. 그래서인지 초등학생 장래 희망 직업 3위로 '유튜버'가 선정되기도 했답니다.

이젠 유튜브를 통해 각종 정보와 오락 등 다양한 콘텐츠를 경험

할 수 있는 세상입니다. 저 또한 유튜브를 이용하는 시간이 많아졌습니다. 좋은 음악, 좋은 강의, 재미있는 오락이나 드라마, 영화까지. 특히 요즘 같을 때 유튜브는 내 친구가 될 정도입니다.

최근 코로나 사태로 인해 면대면 종교집회가 금지되어 인터넷 예배, 법회가 진행되고 있습니다. 원불교에서도 사회적 거리 두기 정부 지침에 따라 각 교당에서 행해지는 법회가 중단되고 인터넷 법회로 대체 되었는데요. 큰 변화 중 하나는 유튜브를 통해 법회가 생중계되고 유튜브를 통해 원하는 설교를 들을 수 있다는 것입니다.

유튜브 세상에서는 설교도 일방적으로 들어야만 하는 시대가 아니라 듣고 싶은 설교를 선택받는 경쟁의 시대가 되었습니다. 결국은 콘텐츠의 수준과 정도가 구독 수를 결정하겠지만요.

저도 일요일 법회 시간이 되면 한 사람의 시청자가 됩니다. 동영상 법회를 보면서 느끼는 것은 편리하기는 하지만 직접 법회 의식에 참여하여 보고 듣고 느끼는 면대면 법회의 법열法悅을 따라갈 수는 없다는 것이지요.
그런데도 확실한 것은 직접 교당에 올 수 없는 경우와 불특정 다수에게 유튜브 설교와 강연은 매우 유용하리라 생각해 봅니다.

법회를 못 보는 시간이 길어질수록 많이 고민하게 됩니다.
'세상은 이렇게 변해가는데….'

'유튜브 세상에 발을 내디뎌 볼까?'
아직은 자신감이 없고 준비할 것도 많아 조심스럽습니다.

그래도 간절한 것은 우선 빨리 교당에서 맘껏 법회를 봤으면 좋겠습니다.
아쉽게도 교단 차원에서 결정된 4월 12일(일)까지 법회 휴회 연장의 소식을 전합니다.

○ 원기105년 4월 3일

창경궁 소요 逍遙

원남교당 천도재를 참석하고 가까운 창경궁으로 발길을 옮겼습니다. 예전, 원남교당에서 근무할 때 창경궁은 저에게 휴식과 사색의 공간이었습니다. 시간을 내서라도 가는 곳이었고 갈 때마다 항상 편안함과 여유를 느낄 수 있었습니다.

봄날의 유혹과 이끌림을 따라 설레는 마음 가득 안고 고궁으로 들어갔습니다. 왠지 그날은 창경궁이 저를 부르는 듯했습니다. 늦은 오후의 한적함과 더불어 인적이 뜸한 고궁은 온통 제 차지인 듯했습니다.

나만의 산책길 따라 모처럼 흙길을 걷는 기분은 사뿐사뿐했습니다. 이른 봄꽃은 이미 떨어졌고 그다음 순서의 봄꽃들이 얼굴을 내밀기 시작했습니다. 울창하고 아름다운 나무들이 새순을 피워 내고 있었고요.

회색빛에서 연둣빛으로 봄 단장을 하는 창경궁은 예나 지금이나 똑같이 아름다웠고 깊은 감흥으로 저를 사로잡았습니다. 정겨웠고 4년 전 봄으로 되돌아간 느낌이었습니다.

전경이 내려다보이는 벤치에 앉았습니다. 창경궁의 고풍스러운 모습과 종로, 중구, 그리고 남산까지 눈 앞에 펼쳐진 도시의 파노라마 같은 선형은 건물들의 숨소리로 꽉 찬 모습입니다.
무심코 보면, 서울이라는 도시는 꽉 막힌 듯 보입니다. 또 한편 살아 숨 쉬는 역동성과 그 사이 사이에 여유를 뿜어주는 자연은 나름대로 멋지고 살만한 곳이라는 생각을 해봅니다.

모처럼 창경궁에서 이리저리 한가롭게 노닐었습니다. 인공과 자연이 선사하는 선물에 감사했습니다. 역사의 숨결 속에서 옛 추억의 소환으로 행복했습니다.
봄날의 아름다움은 창경궁만의 독차지가 아니겠지요.

곳곳에서 피어나는 봄의 향연에 잠시 멈춰 감상하고 노닐고 쉬는 시간이 삶의 에너지원이 되길 기원합니다.

○ 원기105년 4월 10일

고생 끝에 낙이 온다

세상을 항상 평탄하게 살아갈 수는 없습니다. 인생지사 새옹지마塞翁之馬라고 했듯이 좋은 일과 나쁜 일, 고통과 즐거움이 파도처럼 반복됩니다. 어찌할 수 없이 받아들여야 하는 현실입니다.

날씨나 계절의 변화도 그러하지요. 맑은 날이 있으면 흐린 날도 있고 비바람 치는 궂은 날씨도 있게 마련입니다. 추운 겨울이 지나야 꽃 피는 봄을 맞이할 수 있습니다.

고통, 고난, 위기, 역경, 난경….
일부러 뛰어들 일은 없겠지만 피할 수도 없습니다. 어떻게 지혜롭게 대처하느냐에 따라 한 단계 성장하거나 아니면 주저앉게 되고 말지요.

우리는 코로나19라는 세계적 위기를 맞아 힘겨운 고통의 시간을 견디어 내고 있습니다. 다른 나라에 비해 성공적으로 잘 대처하고 있다는 평가입니다. 국난을 여러 차례 겪어온 국민의 저력이 이 위기 상황에서 빛을 발하는 것 같습니다.

우리 개인사도 마찬가지입니다. 누구나 경계를 맞이할 수밖에는 없죠. 작은 경계이건 큰 경계이건 헤쳐 나가고 이겨내야 합니다.

그 과정엔 당연히 고통이 따르지만, 고통 뒤엔 반드시 낙이 온다는 희망을 잃지 않아야 합니다.
그런데 경계를 지혜롭게 헤쳐 나갈 수 있는 표준이 필요합니다. 그것은 요행을 바라거나 술수를 써서 그 경계를 모면할 것이 아니라 옳은 일이라면 끝까지 밀고 나가는 의지라고 생각합니다. 결국은 정의正義가 모든 어려움을 극복하고 마침내 복을 불러올 것입니다.

'고생 끝에 낙이 온다.'

우선 스스로 견디어 내는 힘이 필요합니다. 혼자 힘으로 안 되면 서로서로 도우면 견딜 수 있습니다. 피하지 말고 온통 다 바치면 기운이 통하고 이겨낼 수 있습니다. 하늘은 스스로 돕는 자를 돕는다고 했습니다.

혹시 지금 힘들고 어려움에 부닥쳐 있다면 이 고통의 시간이 약이 되고, 이 경계의 시간이 나를 키우고 성장시키는 전화위복의 기회가 되길 기원합니다.

○ 원기105년 4월 17일

정신의 지도국, 도덕의 부모국

소태산 대종사께서는 암울한 일제 치하에서도 이 민족에 대한 미래 전망을 밝게 해주셨습니다.
장차 이 나라가 "정신의 지도국, 도덕이 부모국"이 된다는 희망의 메시지입니다.

최근 이화여대 한국학과 최준식 교수가 신문에 칼럼을 게재했는데요. 제목은 "한국이 영적인 국가가 된다고?"입니다.

오래전, 최준식 교수는 『한국의 스승』이라는 책을 통해 소태산 대종사와 정산 종사에 대해 칭송한 바가 있는데요. 그는 원불교의 예언을 비교적 신뢰하는 편인데, "정신의 지도국 도덕의 부모국"이라는 예언에 대해 '과연 그럴까?' 라는 의문이 있었다고 합니다.

그런데 이번 코로나19 사태를 겪고 나서 한국의 의료보험, 의료 이용 체계, 정보통신 체계의 우수성과 더불어 한국인의 착한 성품, 즉 의료인의 희생정신, 시민정신 등을 볼 때 세계의 정신적 지도국, 도덕의 부모국이 될 것이라는 기대를 하게 된다고 쓰고 있습니다.

코로나19라는 위기가 오히려 한국이 모범적 방역 국가로 인정받고 전 세계로부터 찬사를 받고 있습니다.

일제 치하, 6·25 한국전쟁 등 수많은 아픔과 상처가 있는 우리는 그동안 선진국들을 모방하고 따라가기에 바빴습니다.
그러나 현재 대한민국은 정치, 경제, 사회, 문화 등 여러 분야에서 두각을 나타내고 있습니다.

백범 김구 선생께서는 '나의 소원'에서 이렇게 말씀하십니다.

"나는 우리나라가 세계에서 가장 아름다운 나라가 되길 원한다.
가장 부강한 나라가 되기를 원하는 것은 아니다.
내가 남의 침략에 가슴이 아팠으니 내 나라가 남을 침략하는 것을 원치 아니한다.
우리의 부력富力은 우리의 생활을 풍족히 할 만하고 우리의 강력強力은 남의 침략을 막을 만하면 족하다.
오직 한없이 가지고 싶은 것은 높은 문화의 힘이다."

높은 문화의 힘!
정신문화
도덕 문화가 함께 꽃피워야 합니다.

소태산 대종사께서는 이 땅에 도덕 세계, 참 문명 세계가 건설된다고 하셨습니다. 모두가 다 부처인 처처불상處處佛像 활불活佛의 시대가 된다고 하셨습니다. 대한민국이 그 출발점이라고 생각합니다.

두 달 반 만에 법회의 문을 열게 되었습니다. 설렘으로 법회를 기다리고 맞이합니다.
다시 시작입니다. 더 나은 내일이 되길 염원합니다.

○ 원기105년 4월 24일

덕분에

요즘 코로나19 위기를 극복하고 그 감사의 마음으로 '덕분에 챌린지'가 펼쳐지고 있습니다.
의료진에 대한 고마움과 존경을 담은 수어手語를 사진이나 영상으로 표현하는 캠페인인데요. 그런 모습들을 보면서 저 또한 감사와 존경의 마음을 담게 됩니다.

누군가로부터 도움이나 은혜를 받았을 때 "덕분입니다"라는 인사를 건네곤 합니다. 자기가 잘해서가 아니라 상대방에게 그 공덕을 돌리는 겸양의 표현이기도 하죠.

잘되면 자기가 잘한 것이고 잘못되면 남을 원망하고 탓하기 쉽습니다. 오히려 남의 공덕을 자신의 것으로 빼앗아 오기도 합니다. "네 덕, 내 탓"을 실천하기란 참 어려운 일입니다.

'덕분에'

처음엔 어렵고 잘 안 되겠지요. 하지만 계속 되뇌고 표현하다 보면 은혜와 사랑이 넘치고 감사와 존경이 저절로 스며듭니다.
표현하면 할수록 외치면 외칠수록 우리 사는 세상이 좀 더 아름답고 훈훈해질 것입니다.

5월입니다. 산하대지가 푸르른 신록으로 싱그럽습니다.
5월엔 감사할 일도 많죠.
많은 분의 은덕으로 오늘도 우리는 평화롭고 행복합니다.
모두가 다 은혜이고, 덕분입니다.

그 감사의 마음을 담아
오광수 시인의 〈오월을 드립니다〉라는 한 편의 시를 전합니다.

"당신 가슴에
빨간 장미가 만발한
5월을 드립니다.

5월엔
당신에게 좋은 일들이 생길 겁니다.
꼭 집어 말할 수는 없지만
왠지 모르게
좋은 느낌이 자꾸 듭니다.

당신에게 좋은 일들이
많이 많이 생겨나서
예쁘고 고른 하얀 이를 드러내며
얼굴 가득히 맑은 웃음을 짓고 있는
당신 모습을 자주 보고 싶습니다."

○ 원기105년 5월 1일

아카시아 꽃향기 따라서

배봉산 산책길에 들어서니 꽃향기가 풍겨왔습니다. 단박에 '아카시아꽃'임을 알아챘죠. 평소 같으면 지나쳤을 벤치에 잠시 앉아 그윽한 꽃내음을 음미했습니다.

어릴 적 뛰놀던 고향 마을이 떠올랐습니다. 학교 가는 길 천변에 줄지어 핀 아카시아는 5월을 향기롭게 수놓았습니다. 연녹색 잎 사이로 얼굴 내민 순백의 꽃은 마치 밥알을 나무 전체에 뿌려놓은 듯했지요.

집으로 돌아오는 길에는 아카시아꽃을 따먹었지요. 그 달콤함에 배가 부르고 동무들과는 줄지어 핀 잎을 누가 먼저 따내나 내기를 하곤 했습니다. 간식거리가 별로 없던 그 시절 아카시아꽃은 최고의 간식이었습니다.

자세히 보니, 벌들이 꿀을 빨고 있는 모습이 보이더군요. 여러 마리의 벌이 이곳저곳을 날아다니며 열심히 꿀을 따고 있었습니다. 벌들도 바쁘고, 아카시아꽃을 찾아 채밀하는 양봉업자도 바쁜 5월입니다. 꽃과 꿀, 자연이 주는 선물에 감사할 따름입니다.

아카시아꽃은 원불교 초창기 교단의 간난한 시절을 이야기할 때

빠지지 않는 단골 메뉴이기도 합니다. 먹고살기 힘든 그 시절에 우리 선진은 엿장수를 하면서 엿밥과 아카시아잎 반찬으로 끼니를 이어갔다고 하는데요. 교단 창립 과정의 어려운 생활을 단적으로 알려주는 전설 같은 이야기입니다. 잊지 말아야 할 정신적 유산이지요.

5월을 맞이해서 우리들의 일상도 바빠지기 시작했습니다. 오가는 발걸음도 더욱 경쾌해지고 서로 나누는 이야기도 밝고 건강해 보입니다. 입하立夏가 지나서인지 더위도 성큼 다가왔습니다.

오늘은 어버이날입니다. 감사와 사랑의 마음을 전합니다.
다하지 못하는 효에 죄송한 마음 가득합니다.
부디 건강하시길 기원합니다.

○ 원기105년 5월 8일

줄탁동시 啐啄同時

병아리가 알에서 깨어나기 위해서는 혼자 힘으로는 어렵습니다. 단단한 껍데기를 깨기 위해 안에서는 온 힘을 다해서 끊임없이 쪼는 것을 '줄'이라고 하고, 밖에서는 어미 닭이 적당한 타이밍에 쪼아 깨뜨려 주는 것을 '탁'이라고 합니다. 이렇게 병아리의 몸부림과 어미 닭의 사랑이 동시에 만날 때 새 생명이 태어나는 '줄탁동시'가 완성됩니다.

스승과 제자 사이의 관계와 역할에 대해 줄탁동시의 지혜는 우리에게 큰 가르침을 줍니다. 특히 알에서 깨어날 수 있도록 한순간에 쪼아 줄 수 있는 스승의 역할은 큰 은혜와 사랑이 아닐 수 없습니다. 너무 빨리 쪼게 되면 알이 곪을 수밖에 없고 너무 늦으면 안에서 병아리가 힘을 잃고 죽게 되고 말기 때문이지요.

동시同時! 때가 무르익어야 하고 안과 밖에서 절묘한 순간에 마주침이 있어야 합니다. 참 스승은 그렇게 한참 동안 기다려주기도 하고 빛나는 혜안으로 밝게 보기도 합니다.

깨달음의 순간은 한순간이지만 이렇게 수많은 공력이 쌓이고 뭉쳐 드디어 터트려지는 것이죠. 한 송이의 꽃이 피기까지 하늘과 땅의 기운과 정성이 한데 뭉쳐야 하듯이 깨달음의 꽃 또한 그렇습니다.

공자께서는 가르침에 원칙이 있었습니다.
"배울 때 분발하지 않으면 열어주지 않고 애태우지 않으면 발휘하도록 말해주지 않는다. 한 귀퉁이를 들어 보였을 때 다른 세 귀퉁이로써 반응하지 않으면 더 이상 반복해서 가르치지 않는다."

오늘은 스승의 날입니다.
직접 이끌어주신 스승님들은 이제 가시고 안 계시지만 소태산 대종사님을 가장 큰 스승님 삼아 성불제중成佛濟衆의 서원을 향한 발걸음을 쉬지 않을 것임을 굳게 다짐해 봅니다.

닫힌 마음을 환하게 열어주시고
미혹한 정신을 밝게 깨우쳐주시고
습관과 업력에 묶인 저를 새 사람으로 거듭나게 해주신
도가道家의 스승님들께
깊은 존경의 마음을 담아 감사의 인사를 올립니다.

○ 원기105년 5월 15일

묻고 배우기

세상을 살아가려면 알아야 할 것도 많고 배워야 할 것도 많습니다. 몰라도 살아가는 데 지장이 없는 것도 많지만, 꼭 알아야 할 것은 반드시 배우는 것이 중요합니다.

배움의 습관 중 좋은 것은 '묻기'입니다. 스스로 알아내려는 노력도 있어야 하지만 나보다 더 아는 스승에게 묻고 배우는 것이야말로 효과적인 배움의 방법이 된다는 것이지요.

제가 요즘, 주변 사람들에게 자주 묻곤 합니다.

"이건, 어떻게 하면 좋을까?"
"내 생각엔 이런데, 당신의 생각은 어떠세요?"

이런 묻기의 과정을 거치면 그 문제가 확실히 명확해짐을 느낍니다. 묻는 과정에서 나 스스로 어느 정도 정리가 되기도 하고 상대방의 의견을 통해 확증 또는 시야의 전환이 이루어지기도 합니다.
그래서 제 딴에는 가능하면 여러 사람에게 지혜를 구하려고 합니다.

물론 스스로 알아내려는 노력이 선행되어야 하겠죠. 책과 인터넷 등을 통해 많은 정보를 얻기도 하고 많이 생각해 보고, 궁굴려도 봐야 합니다. 또 때로는 깊은 선정禪定에서 우러나오는 예지叡智의 놀라운 체험도 필요합니다.

원불교의 공부법에 "지자본위智者本位"가 있습니다. 나보다 더 아는 이를 스승 삼아 배우라는 것이지요. 묻고 배우는 것은 모두가 다 내 스승 삼는 공부법입니다. 가능하면 최고의 지자智者에게 배움을 청하는 것이 가장 현명한 방법이 되겠지요.

공자께서는
"세 사람이 같이 길을 걸어가면 반드시 내 스승이 있다[三人行, 必有我師焉]."라고 했습니다.
혼자 배워 아는 힘보다 여러 사람을 통해 배워 아는 것이 더 큰 힘이 됨을 확신합니다.

'묻고 배우기'

부끄럽기도 하고, 때론 자존심이 상할 수도 있습니다. 습관 되지 않고 즐겨하지 않으면 어렵습니다. 상대방을 귀찮게 하는 실례도 피해야 하고요. 묻는 것을 두려워하거나 귀찮아하면 향상과 발전은 멀 수밖에 없습니다.

모르는 것을 묻는 것은 부끄러움이 아닙니다. 모르면서 아는 체하는 가식, 모른다는 것을 모르는 어리석음, 모름을 그대도 방치하는 게으름, 그래서 모름은 죄가 됩니다.

배워 알면 내 것이 됩니다. 알아야 남을 위해 가르칠 수 있습니다. 제대로 배우고 올바르게 가르치는 것이 진화의 기본이 됩니다. 묻고 배우기가 쉽고 가장 빠른 길입니다.

○ 원기105년 5월 22일

그래, 그럴 수도 있지

"어떻게 그럴 수가 있어!"
"도대체 저 인간은 상식이 있는 거야, 없는 거야?!"

왕짜증이 나고 화가 치밀어 오릅니다.
억울하고 분합니다.
도대체 용납이 안 됩니다.
분노가 속으로 차오릅니다. 터질 것만 같습니다.
그렇다고 내 감정을 함부로 내뱉을 수도 없습니다.

하소연합니다.
"도대체, 마음이 잡히지 않아요."
"죽겠어요."
"이럴 때, 어떻게 해야 하나요?"

마음을 가라앉히기 위해 애써 노력해 봅니다. 심호흡도 크게 하고 소리도 질러 보고 친한 사람에게 마음껏 속풀이도 해봅니다.
속으로 혼자 끙끙 앓는 그것보다는 낫습니다. 하지만, 완전한 해결은 안 됩니다. 다음에도 또 그런 사람, 그런 상황과 마주치게 될 테니까요.

상대방이 진짜 잘못했을 수도 있고, 내가 오해나 착각을 했을 수도 있습니다.
어쨌든 상대방으로 인해 내 마음이 요동칠 때 이렇게 외쳐 보세요.

"그래, 그럴 수도 있지."

잘잘못을 따지기 전에 상대방에 대해, 이런 일이 벌어진 상황에 대해 그럴 수도 있다고 인정하는 겁니다.

"어떻게 이런 일이 일어날 수가 있어?!"

단호하게 부정하고, 용납하지 않으면 나 스스로 그런 생각과 감정에 갇혀버리게 됩니다. 아무리 내 생각이 옳더라도 이렇게 문을 닫아버리는 것은 옳지 않습니다.

누구나 잘못을 할 수 있습니다. 나도 마찬가지입니다. 그 잘못을 감추고 싶어 하지만 잘못하는 일이 있다는 것을 부정할 수 없습니다.

"그래, 그럴 수도 있지."

이렇게 마음의 여유를 갖게 되면, '그 사람 처지에선 그럴 수도 있겠구나.'라고 상대방을 이해할 수 있는 마음이 넓어집니다. 상대방의 잘못을 따지기 전에 나의 잘못을 먼저 살펴보는 자성自省

의 기회도 얻게 됩니다.

나의 잘못을 바라볼 때도 마찬가지입니다. "이런 일은 절대 있을 수 없어."라고 강하게 단정하고 용납하지 않을 경우 내가 참 힘이 듭니다.
나를 향하여 애써 토닥토닥 "괜찮아. 그래, 그럴 수도 있지."
나를 위로하고 용기를 주어야 내가 삽니다.

이렇게 상대방과 나에게 긍정의 메시지가 필요한 세상입니다.

"그래, 그럴 수도 있지."

불만은 사라지고 마음이 한결 여유롭게 느껴집니다.
다행입니다.
환하게 다시 웃을 수 있습니다.

○ 원기105년 5월 29일

모기 한 마리

아침기도 시간, 눈앞에 모기가 날아다닙니다. 입정入定으로 고요함에 들어가야 하는데 방해가 됩니다. 잠시 잊고 있었는데, 다리 부근이 따끔합니다. 모기에게 물린 겁니다. 이리저리 신경이 쓰이고 집중이 안 됩니다. 애써 노력해 보았지만, 오늘 아침 선禪은 꽝이 되어버렸습니다.

따끔함에 잠에서 깨었습니다. 새벽 2시입니다. 모기에게 물린 겁니다. '이 모기를 어떻게 한다?'
그냥 놔둘 수는 없고 잡기로 했습니다. 하지만 모기의 고속 비행에 손이 따라가지 못합니다. 겨우 몇 마리를 잡았지만 이젠 잠이 다 깨어버렸습니다. 연고를 바르긴 했지만, 살생을 무자비하게 했습니다.

아주 작은 모기 한 마리이지만 하찮게 볼 것이 아닙니다. 나에게 작은 고통을 주기도 하고 온 신경을 다 쓰게 하는 힘이 있습니다. 만약 그 작은 곤충[해충]이 독성을 가지고 있다면 절대로 무시할 수 없는 위력을 지닌 것이 됩니다.

이제, 여름의 시작입니다. 더위에 짜증이 나기도 하고 싫증이 나기도 합니다.

작은 것 하나가 절대 작지 않습니다.

무심코 톡 쏘는 한마디, 예의 없는 끼어들기, 지하철에서의 큰 소리, 별것 아닌 것에 내는 짜증….

기분을 상하게 하고 불쾌감을 줍니다. 더 이상 상종하고 싶지 않은 마음이 납니다. 작은 것이 커져 큰 상처가 되고 상극의 인연이 됩니다.

반대로 비록 작지만, 따뜻한 말 한마디, 시원한 물 한 잔, 향기 나는 커피 한 잔, 파이팅 하는 격려의 박수, 엷게 번지는 작은 미소 등.

기분이 좋아지고 살맛이 납니다.
자주 보고 싶고 챙겨주고 싶습니다.
은혜의 물결이 일어 행복의 바다로 나아갑니다.

○ 원기105년 6월 5일

그리운 사람

원불교에서는 6월을 '추원보본의 달'이라 부릅니다. 교단의 선진과 부모 조상에 대한 추모의 마음과 그 끼쳐주신 은혜를 잊지 않고 보은을 다짐하는데요.
특히 6월 1일이 소태산 대종사의 열반 일이기 때문에, 임을 향한 그리움과 추모의 정성은 더욱 지극합니다.

"유월이 오면 뵙고 싶은 스승님
어둔 마음 밝혀주신 우리 스승님
괴로운 바다에 헤매는 우리들
어이하라 뒤두시고 먼 길로 떠나셨나.

유월이 오면 뵙고 싶은 스승님
성안을 뵈오면 내 마음에 기쁨뿐
우리 위해 오셨다 우리 위해 가셨다
아- 거룩한 거룩한 생애여."

원불교 성가 190장 〈유월이 오면〉 노래 가사입니다.
소태산 대종사님의 조카인 원산 서대원 선생께서 대종사님 열반 후 사무치는 그리움을 시로 지으시고 이후에 원불교 성가로 만들어졌습니다.

가사도 가사지만 첫 멜로디에 흐르는 감정은 깊고 오랜 그리움으로 젖어 들게 만듭니다.
그리운 사람!

보고 싶고 만나고 싶은
그래서 자꾸 생각나고
꼭 한 번만이라도 다시 보고 싶은
미치도록 그리운 사람

내 마음 가운데
그리운 이가 있다는 것만으로도
나에게
소중하고 아름다운 추억이 있다는 것이고
그것만으로도 은혜이고 감사입니다.

오늘 내가 그리워하는 사람은 누구일까요?

그냥 그 자리에 그 모습으로 계실 것 같은데요.
전화라도 하면 그 음성 들을 수 있을 것 같은데요.
만나면 환한 미소로 반겨주실 것만 같은데요.
속에 있는 얘기 다 터놓고 말할 수 있을 것 같은데요.

그리움은 아름다운 추억입니다.
그리운 사람은 감사이고 고마움입니다.

그리운 사람이 있다는 것만으로도
나는 행복한 사람입니다.

"눈이 부시게 푸르른 날은
그리운 사람을 그리워하자."

단풍 드는 가을이 아닌
초록이 짙어가는 여름의 첫 자락 6월에
그리운 사람을
마음으로 깊이 그려봅니다.

○ 원기105년 6월 12일

좋은 하루 되세요

새벽 4시 40분, 알람 소리에 잠이 깹니다.
"안녕하세요. 즐거운 하루 되세요."
스마트폰에서 들려오는 가수 윤도현 씨의 목소리입니다. 밝고 경쾌합니다. 비록 기계음이지만, 누군가가 나에게 아침 인사를 해준다는 것은 기쁘고 감사한 일입니다.

아침기도 후 새벽기도에 참석하신 교도님과 인사를 나눕니다.
"반갑습니다. 좋은 하루 되세요."
오늘 하루 꼭 좋은 날이 되길 염원하는 마음을 전합니다.

아침 인사는 영어로 "Good Morning"입니다.
굳이 풀이하면 "좋은 아침"입니다.
좋은 아침, 좋은 하루!
하루하루가 그렇다면 얼마나 좋을까요?

좋은 하루!

꼭 재수나 운수 같은 행운을 바라는 것은 아닙니다. 어쩌면 아무 일 없는 무사 안녕만 돼도 좋은 날입니다. 더하여 좋은 사람을 만나고 좋은 일을 한다면 더할 나위 없겠지요.

좋은 하루는 아침의 첫 마음에서 출발하는 것 같아요. 좋은 마음을 가지면 좋은 하루가 되겠지요. 당연히 좋은 하루가 되기 위해서는 좋은 아침이 되어야지요. 잠을 잘 자서 몸도 가뿐하고 기분도 상쾌하고 오늘 하루는 뭔가 잘될 것 같은 부푼 희망도 좋은 아침의 출발입니다.

또 하나 중요한 것은 좋은 저녁[Good night]이 되어야 하지요. 걱정거리가 있고, 개운치 않은 기분이라면 좋은 아침을 맞이할 수 없겠지요.

원불교 교도는 매일 〈아침기도의 노래〉를 부릅니다.

"오늘도 건강한 몸 맑은 맘으로 부지런히 부처님 길 닦게 하소서. 오늘도 고마운 맘 고운 말씨로 인연마다 화한 꽃이 피게 하소서. 오늘도 좋은 세상 이루기 위해 모두 함께 보람찬 일 하게 하소서."

부디 오늘 하루 좋은 날 되시길 기원합니다.
Have a good day!

○ 원기105년 6월 19일

풍선 효과와 여석압초如石壓草

요즘 정부의 부동산 정책에 대해 가장 많이 회자하는 단어가 '풍선 효과'입니다. 어느 한쪽을 규제하니 다른 쪽에서 부풀어 오르는 현상을 말합니다. 풍선의 한쪽을 누르면 다른 한쪽이 부풀어 오르듯 누른다고 해서 해결되는 것이 아니라는 거죠.

근원적인 해결 없이 임시방편의 조치는 땜질식 처방이라 그 효과는 오래가지 못합니다. 금세 또 다른 대책을 내놓아야 하고 이런 돌려막기식 처방은 그 한계가 분명합니다.

마음공부에 있어 이와 비슷한 상황을 표현한 것이 '여석압초如石壓草'라는 단어입니다. 보조 지눌 스님께서『수심결修心訣』에서 밝히신 것인데요. 마음공부를 돌로 풀을 눌러놓듯이 해서는 안 된다는 것입니다.

밭에 풀이 나는 것은 당연한 일이지요. 풀이 보기 싫다고 돌로 눌러 놓으면 어떨까요? 처음엔 보이지 않는 것 같지만 곧 옆으로 비집고 나오게 되죠. 잡초 제거라는 근본적인 해결이 안 된 것입니다.

우리의 마음 밭에도 잡초가 납니다. 마음이 살아있기 때문에 나죠. 그렇다고 그 잡초를 그대로 놔두다가 그냥 잡초밭으로 만들어야 할까요? 수행[마음공부]이란 곡식이 잘 자라게 하고 불필요한 잡초는 뽑아 주는 것입니다.

우리의 마음 밭에 자라나는 잡초는 망념인데요. 망념이란 원래 실체가 없지만, 인연 따라 일어났다가 사라집니다. 망념이 일어날 때 억지로 없애려고 하면 오히려 그 망념은 더 강해지고 또 다른 망념을 낳게 되죠.

보조 스님께서는 "망상이 일어남을 두려워 말고 알아차림이 더딜까 두려워하라."고 하셨습니다. 소태산 대종사님께서도 "망념이 침노하면 다만 망념인 줄만 알아두면 망념이 스스로 없어지나니 절대로 그것을 성가시게 여기지 말며 낙망하지 말라."고 하셨습니다.
근본적 해결책은 망념이 일어남을 알아채고 원래 망념의 실체가 없음을 깨닫는 것입니다.

근본에 힘쓰는 것이 최상의 해결책입니다. 저의 공부와 생활도 혹시 주변과 곁가지에 매달려 있지 않은지, 잔머리로 당장 눈앞의 것만 보고 멀리 내다보지 못하는지 반성해 봅니다. 꽉 눌러만 놓고 정작 해결하지 못한 채 방치한 그런 여석압초는 없는지 말이죠.

○ 원기105년 6월 26일

니가 왜 거기서 나와

이사 갈 집을 알아보기 위해 매물로 내놓은 아파트를 방문하게 되었습니다. 현관문을 열자마자 멍멍 소리와 함께 강아지들이 우리를 향해 달려 나옵니다. 갑작스러운 상황에 깜짝 놀라 당황스러웠습니다.

놀란 가슴을 진정하고 집 안에 들어서니 이젠 집주인이 고양이 한 마리를 안고 나타납니다. '이건 무슨 시츄에이션!'
또 한 번 소스라치게 놀라 뒤로 자빠질 뻔했습니다. 개와 고양이가 동시에 내 눈앞에 나타난 광경은 처음입니다.

제가 이렇게 놀란 것은 다 이유가 있습니다. 저뿐만 아니라 함께 갔던 정토도 똑같이 당황했는데요. 제가 고양이와 개를 싫어하는 정도가 아니라 무서워하기 때문입니다. 그 무시무시한 동물들을 한꺼번에 맞닥뜨렸으니 놀란 가슴을 진정하기가 어려웠던 것이지요.

덩치는 산만 한 사람이 왜 그렇게 애완견과 애완묘를 무서워하냐고요? 그것은 어릴 적 안 좋은 기억 때문입니다. 제가 개한테 물려서 혼난 적이 있거든요. 정토 또한 어렸을 때 개한테 물린 적이 있어 개를 무서워하기 시작했다고 합니다. 이런 이유로 우리 집에서는 애완견이나 애완묘를 키울 엄두가 나지 않습니다.

'니가 왜 거기서 나와!'

개나 고양이가 갑자기 나온 것이 아니고요. 저의 무의식에 저장되었던 마음의 상相이 튀어나온 것이지요.
'무섭다. 징그럽다. 싫다.'
과거에 제가 만들어 논 상에 그대로 반응한 것입니다.

원래 개나 고양이가 무섭고 징그러운 것은 아니죠. 저 아닌 다른 사람들은 귀엽고, 예쁘고, 사랑스럽다고 합니다. 좋아서 죽을 정도인 사람도 있습니다. 다 마음에서 어떤 상을 만들어 놨느냐에 따라 그 모습은 다르게 나타나기 마련입니다.

내가 좋아하는 사람, 싫어하는 사람도 마찬가지입니다. 이전에 내가 만들어 논 상에 의해 그대로 반응합니다. 내가 좋아하는 사람은 뭘 해도 다 좋게 보이고, 내가 싫어하는 사람은 잘하는 것도 밉게 보입니다. 그 상을 떠나면 제대로 볼 수 있는데, 그 상에 가리게 됩니다.

모든 것이 마음에 달려 있다고 했습니다. 어떤 마음의 상으로 바라보느냐에 따라 결정되죠. 좋게도 보이고, 싫게도 보이고 사랑스럽게도 보이고, 무섭게도 보이는 것이지요.

'니가 왜 거기서 나와!'

잘 살펴보시기를 바랍니다. 내가 어떤 마음의 상을 가졌는지. 가능하면 좋은 상을 만들고, 더 좋은 것은 상 없음의 상[無相], 즉 텅 빈 마음에서 보면 온갖 분별 시비와 감정에도 흔들리거나 끌려가지 않을 것 같습니다.
트로트 가수, 영탁의 노래가 참 재미있습니다.
'니가 왜 거기서 나와!'

당연히 나올 수밖에 없는데요.
무의식과 현실의 사이에서
텅 빈 마음으로
잘 나오고 잘 들어가는 마음의 출입이 되길 기원합니다.

○ 원기105년 7월 3일

욕속심欲速心 - 빨리 이루려는 마음

동남아 지역 관광지를 가면 한국인임을 알아보고 웃으면서 "빨리빨리"를 외칩니다. "빨리빨리" 문화는 한국인의 특징이기도 한데요. 그래서인지 요즘엔 말도 줄여서 하는 것이 유행입니다. 대표적으로 '소·확·행'이 있지요. '작지만 확실한 행복'을 뜻합니다.

빨라서 좋은 점도 있지만, 너무 빨리하려는 마음이 오히려 일을 그르치는 경우도 많습니다.
공자님께서는 『논어』에서 욕속부달欲速不達을 말씀하셨는데요. 빨리하려고 욕심을 내면 오히려 미치지 못한다는 뜻입니다.

욕속부달과 관련해서 다음과 같은 이야기가 있습니다.

황혼 무렵 묶은 책더미를 짊어진 선비가 뱃사공에게 "지금 가면 성문을 통과할 수 있냐."라고 묻습니다.
책더미를 본 뱃사공은 "빨리 가면 닫혀 있고, 느긋하게 가면 열려있을 것"이란 묘한 답을 합니다.
자신을 놀린다고 생각해 기분이 상한 선비는 서둘러 발을 옮기는데 책을 묶은 줄이 그만 끊어져 책들이 땅에 떨어졌습니다. 책을 수습하고 서둘러 도성 입구에 도착했지만, 성문은 닫혀 있었습니다.

욕속欲速 하니 부달不達한 것입니다.
그렇다고 해서 매번 느려야 하는 것은 아니죠. 빨라야 할 일과 느려야 할 일이 있습니다. 빨리 이루고자 하는 마음, 서두르는 마음을 조심하라는 것이겠지요. 일도 그렇고 공부도 그렇습니다. 밥도 빨리 먹으면 체하기 마련입니다.

대산 김대거 종사께서는 이렇게 말씀하셨습니다.
"누구나 바르고 원만하게 꾸준히 하면 반드시 때가 오는 법인데, 모두 욕속지심欲速之心으로 순서 없이 하려고 하니 결국 실수하고 만다. 그러니 사시 순환과 같이 순리대로 하라."

천 리 길도 한 걸음부터인데 말이죠. 욕심이 급하면 일을 그르치게 됩니다. 우리 속담에도 "급할수록 돌아가라."라는 말이 있습니다. 서두르면 탈이 나고 눈앞에 작은 이익을 탐하면 큰 것을 잃게 됩니다.

제가 원불교에 입문해서 가장 많이 들은 이야기 중 하나가 "황소와 같이 뚜벅뚜벅 가라."는 말입니다. 천천히, 여유롭게, 한편으로는 우직하게 공부하라는 것인데요. 빨리 이루려는 마음보다 쉼 없는 정성이 더 중요하다는 것이겠지요.

'급히 말고, 쉬지 말고'

저는 지금 익산의 중앙중도훈련원에서 교무훈련 중입니다.

여유를 찾는 시간입니다.
저의 삶을 되돌아보는 시간입니다.
일을 멈추고 저 자신을 찾는 시간입니다.
그래서 짧은 일주일의 시간은 저에겐 참으로 소중한 시간입니다.

빨리 가려 하지 않고
쉬지 않고 꾸준히만 가려고 합니다.

○ 원기105년 7월 10일

전자 모기향 감상

모깃소리에 잠이 깼습니다. 전자 모기향을 바로 켰습니다. '이 젠, 괜찮겠지.' 안심했는데 또다시 모기들이 비행을 시작합니다. 새벽 2시, 앞으로 잠잘 시간이 많이 남았는데….

도저히 안 되겠다 싶어 전등을 켜고 모기를 잡기로 했습니다. 그런데, 오늘따라 계속해서 모기가 나타납니다. 아마도 낮에 방문을 열어 논 탓인가 봅니다.

예전엔 전자 모기향을 피우면 안심하고 잘 수 있었습니다. 오늘따라 유난하다는 생각이 들었는데 한 시간이나 지난 뒤에야 문득 떠오르는 생각, '아, 전자 모기향의 약이 다 떨어진 건 아닐까?'

아니나 다를까 확인해 보니 홈매트 액체 약이 텅 비어 있었습니다. 저는 당연히 전자 모기향이 잘 작동하고 있는 줄 알았죠. 실제는 약이 다 떨어지고 없으니, 모기들이 제 세상을 만난 듯 자유비행을 할 수 있었습니다. 아, 문제는 그 새벽에 리필용 모기향이 없다는 것입니다. 새벽기도 시간이 될 때까지 모기와 전쟁을 해야만 했습니다.

지금까지도 그래 왔으니까 당연하다고 생각합니다. 있는 것은 없어지고, 쓰면 닳는 것이 당연한데 계속 있을 거라 믿고 착각하며 살아갑니다. 실제는 없는데, 환상만 만들어 놓는 때도 있습니다.

일이 잘 안되거나 어떤 문제에 봉착했을 때 점검해 봐야 할 것이 있습니다. 기존의 생각이 맞는지 지금까지 해왔던 방식이 맞는지 굳게 믿고 있었던 것들이 진짜로 맞는 것인지.

당연하다고 여겼던 것에 방심이 있을 수 있습니다. '안전불감증', '성 인지 감수성' 등 우리 사회에 나타나는 사건 사고도 괜찮을 거로 생각한 작은 방심이 원인인 경우가 많습니다.

알고 보니 전자 모기향 액체는 텅 비어 있었습니다. 여유분을 미리 준비하지 않았기 때문에 대체할 수도 없었습니다. 모르고 있으면 고생입니다. 늦게라도 알게 된 것이 다행이지만 때는 늦었습니다. 다음을 위한 교훈이라 생각하며 이번엔 전자 모기향을 여유롭게 준비했습니다.

날씨가 더워지고 있습니다.
무더위와 장마가 이어질 텐데요.
부디 몸 건강, 마음 건강해지시길 기원합니다.

○ 원기105년 7월 17일

법마상전급의 승률 51:49

3년 반에 걸쳐 이어온 원불교 『정전』 강의가 드디어 마침표를 찍게 되었습니다. 마지막 시간은 '법위등급法位等級'을 공부했는데요. 우리가 모두 보통급에서 시작해서 한 층계 한 층계 밟아 올라가 다 같이 부처 되고 중생 건지자는 다짐으로 마무리하였습니다.

종강한 뒤 다음 날 강의에 참석하셨던 한 교도님으로부터 카톡이 왔습니다.
"교무님! 법마상전급을 설명해 주실 때 법과 마가 싸워 이기는 표준을 51:49로 해주신 말씀이 저를 편하게 해주었습니다. 저는 백전백승하려고 했었나 봐요. 그래서 실패할지 걱정하고, 실패하면 힘들어하고, 나도 모르게요. 51:49이면 '마'와의 싸움에서 질 수도 있는 건데 나한테 좀 너그러워지자고 생각하니 한결 마음이 편합니다."

법마상전급은 법과 마가 서로 싸우는 단계인데요. 그 표준은 "반수 이상 법의 승勝을 얻는 사람의 급"이라고 하셨습니다.
10번 싸워 6번 이기면 나름대로 공부를 잘한다는 것이지요. 야구에서도 승률이 6할이면 아주 잘하는 팀에 속합니다.

제가 이 부분을 설명할 때 저울을 예로 들었는데요. 50:50이면 어느 한쪽으로도 기울지 않지만, 51:49가 되면 작은 1이라도 한쪽으로 기울 수 있다고 했습니다. 법을 51이 되게 하고, 거기에 법이 이기는 비율을 하나하나 늘려 가다 보면 언젠가 법이 백전백승할 때가 오지 않겠느냐고 말씀드렸습니다.

어떤 경계가 왔을 때 가장 중요한 것은 옳고 그름을 정확하게 판단하는 것입니다. 옳고 그름의 다른 이름은 법法과 마魔인데요. 무엇이 법인지 마인지 정확하게 분석하고, 그 이후엔 법을 선택하고 마를 버리는 것이 올바른 취사입니다.

그런데, 법이 옳은 것인 줄은 알지만 행하기 어렵고 마가 그른 줄을 알지만, 그 유혹을 이겨내기가 어렵습니다.

간단한 예를 들어보겠습니다. 청소해야 하는데, 귀찮은 생각이 나게 돼서 지금 말고 나중에 해야겠다는 마음은 마魔가 되죠. 그런 마음이 났을 때, 이를 이겨내면 법이 승리하는 것이 되지요.

공부에도 근기가 있는데요. 공부의 표준을 너무 높게 잡으면 힘들고 쉽게 지칩니다. 중학생이 고등학생 공부를 하려면 벅찰 수밖에 없죠. 그렇다고 해서 자신의 근기를 너무 낮게 잡게 되면 공부가 더딜 수밖에 없습니다.

'법마상전급 승률 51:49'

둘 사이는 작은 차이지만 전체적으로 보면 법이 우세한 것이 됩니다. 51이라는 숫자에 희망과 정진을 다짐하면 좋겠습니다.

그 교도님에게 저는 이렇게 답장을 드렸습니다.

"급히 말고, 쉬지 말고."

저도 그렇게 하려고 합니다.

○ 원기105년 7월 24일

쓸데없는 걱정

걱정 없이 사는 것만큼 행복한 일도 없을 테지만 삶이라는 게 그리 녹록지 않습니다. 걱정이 끊일 사이가 없고, 어느 정도의 걱정은 삶에 긴장을 주고 준비를 한다는 점에서 긍정적이기도 합니다. 하지만 지나친 걱정을 한다거나, 쓸데없는 걱정은 에너지 낭비입니다.

노먼 빈센트 필 박사는 '쓸데없는 걱정'이라는 글에서 한 연구기관의 조사 내용을 인용했습니다.
1. 실제로 일어나지도 않은 사건에 대한 걱정 40%
2. 지나간 과거에 대한 걱정 30%
3. 그다지 중요하지 않고, 신경 쓰지 않아도 될 사건에 대한 걱정 22%
4. 기타 8%

위 조사에 의하면 92%는 쓸데없는 걱정이라는 것이고, 나머지 8% 중 4%는 우리가 바꿀 수 있고, 나머지 4%는 바꿔 놓을 수 없는 것도 있다고 합니다. 결국 우리의 걱정 중 96%는 하지 않아도 될 쓸데없는 걱정에 시간과 노력을 낭비하고 있다는 것이 됩니다.

지금 나는 어떤 걱정을 하고 있습니까?
자식, 돈, 노후, 건강….
사람에 따라 다르겠지만 우리는 수많은 걱정 속에 살아갑니다. 그런데요. 정작 걱정한다고 해결되지도 않는 것이 대부분이고 별의별 걱정, 쓸데없는 걱정으로 고통스러워합니다. 진짜 걱정해야 할 것은 걱정하지 않고 걱정하지 말아야 할 것을 일부러 장만하여 걱정하는 어리석음을 범하기도 합니다.

하늘이 무너질지 걱정, 땅이 꺼질지 걱정. 이런 황당한 걱정을 하진 않겠지만 현실적인 걱정은 어쩔 수 없는 상황이기도 합니다. 중요한 것은 걱정이 걱정으로만 그쳐서도 안 되고 그 걱정이 정작 걱정해야 할 걱정인지 아니면 쓸데없는 걱정인지 냉철히 살펴볼 필요가 있는 듯합니다.

얼마 전의 일인데요. 집에 있는 작은아들 원빈이에게 중요하면서 다급하게 처리할 일이 있어 전화로 얘기했는데, 원빈이가 그 일을 스마트하게 해결하더라고요. 혹시 헤매지는 않을지 내심 불안하여 걱정했는데 말이죠. 그동안 내가 원빈이를 너무 어리게 보고 쓸데없는 걱정을 하고 있었다는 생각을 하게 되었습니다.

자식의 일을 부모가 걱정한다고 되는 건 아닙니다. 스스로 잘 알아서 하도록 하는 것이 중요하죠. 걱정이란 게 관심의 표현일 수는 있지만, 오히려 상대방에게 부담을 주기도 합니다. 그냥 믿어 주고 후원해 주고 기도해 주는 것이 좋다는 거죠.

소태산 대종사님께서 말씀하셨습니다.
"어리석은 사람은 근심과 걱정이 있을 때는 없애기에 노력하지마는, 없을 때는 다시 장만하기에 분주하나니, 그러므로 그 생활에 근심과 걱정이 다 할 날이 없나니라."

○ 원기105년 7월 31일

그 마음, 잊지 않겠습니다

얼마 전, 지인과 오래전에 있었던 이야기를 나눌 기회가 있었습니다. 그때 그 시절을 회상하면서 즐거웠던 추억, 고마웠던 사람을 떠올려 봤습니다. 특히, 어려웠던 상황에서 받은 도움은 쉽게 잊히지 않고 기억하고 있더군요.

잊지 않고 연락해 주는 사람, 잊지 않고 찾아와 주는 사람, 꼭 무언가 보답을 받지 않더라도 기억해 주고 있다는 것만으로도 고마운 일입니다.

예전에 각골명심刻骨銘心했던 일들이 있습니다. 절대 하지 않겠다는 다짐, 반드시 하겠다는 맹세, 시간이 지나면서 그때의 마음이 흐릿해지기도 합니다. 다시 마음을 다지고 챙기게 됩니다.

힘들고 어려울 때 도와준 따뜻하고 고마운 그 마음을 잊을 수 없습니다. 어디로 가야 할지 모르고 방황할 때 손잡아 이끌어준 그 마음을 잊을 수 없습니다. 마음이 괜히 허전하고 울적할 때 달콤한 차 한 잔으로 위로해 준 그 마음을 잊을 수 없습니다.

세상을 살다 보면 잊어야 할 것도 많지만 잊지 않고 꼭 기억해야 할 것도 있습니다. 어쩌면 꼭 기억해야 할 것은 폐부 깊숙이 새겨 꼭 기억할 수밖에 없는 것들입니다.

8월이 되면 반드시 기억해야 할 법인法認의 정신이 있습니다.
세상을 위해서, 창생의 구원을 위해서는 죽어도 여한이 없는 사무여한死無餘恨의 희생정신은 가슴 깊이 새겨진 얼이요, 정신입니다.

비우고
내놓고
바치는 삶이
8월, 한 달만이라도 실천되면 좋겠습니다.

그 마음, 잊지 않겠습니다.
잊지 않고 실행하겠습니다.

○ 원기105년 8월 7일

다섯,
하늘 한번 올려다봐요

우생마사 牛生馬死

지루한 장마가 계속되고 있습니다. 걱정스러운 것은 폭우로 인한 많은 이재민이 발생하였다는 것입니다. 어찌해 볼 수 없는 자연재해라고 하지만 이상기후의 원인이 우리 인간의 욕심에 있다는 것을 부정할 수 없습니다.

폭우로 인해 소들이 지붕 위로 올라간 모습을, TV를 통해 볼 수 있었습니다. 비가 아니었으면 도저히 있을 수 없는 광경인데요. 그 모습을 보고 '우생마사 牛生馬死'가 떠올랐습니다.

우생마사는 헤엄을 잘 치는 말은 죽고 헤엄이 서툰 소는 살아남는다는 고사입니다. 헤엄을 잘 치는 말은 거센 물살을 거슬러 빠져나오려고 하다 결국은 힘이 다해 죽게 되고, 헤엄을 잘 못 치는 소는 도도한 물살에 몸을 맡겨 얼마쯤 떠내려가다 강의 기슭으로 밀려나 생명을 구하게 된다고 합니다.

우리 인생도 '우생마사'의 지혜가 필요합니다.
살다보면 예기치 않은 폭우가 내리고 거센 물살이 밀려올 때가 있죠. 미리 대비할 수도 없는 상황에서 맞서는 것은 무모하고 어리석을 수 있습니다.

피할 수 없다면 그 흐름을 따르는 게 상책입니다. 항상 그 물결이 거세지지만은 않습니다. 잠깐 누그러졌을 때 강가로 나가려고 몸부림을 치는 거죠. 그렇게 몇 번을 계속하다 보면 거친 물결을 벗어날 수 있고, 언젠가는 강가로 나갈 수 있을 것입니다.

소낙비는 피하라는 말도 있습니다. 거칠게 몰아치는 비바람을 맞는 것보다는 좀 늦게 가더라도 피하는 것이 상책입니다. 갑작스럽게 밀려오는 큰 경계 또한 마찬가지입니다.

순조로울 때는 누구나 다 잘합니다. 내가 감당하기 힘든 어려운 상황에서는 우둔해 보이지만 우직하게 천천히 가는 소의 지혜가 필요합니다.

대산 종사께서 말씀하셨습니다.

"황소와 같이 뚜벅뚜벅 가거라.
영생을 통하여 할 일이고 실천할 법이니 미흡함이 있더라도 너무 성급히 하려 말고 여유 있게 하여라."

○ 원기105년 8월 14일

최소한 남에게 피해는 주지 말자

중국 전국시대에 양주楊朱라는 철학자가 있었습니다. 그는 "털 하나를 뽑아 온 천하가 이롭게 된다고 하더라도 그렇게 하지 않는다."라는 위아설爲我說을 주장했는데요. 이를 극단적 이기주의라고 평하기도 합니다.

이러한 양주의 사상은 맹자나 겸애주의兼愛主義를 주장하는 묵자에 의해 비판받았습니다. 개인의 작은 희생은 전체의 이익을 위해 어쩔 수 없다는 견해입니다.
양주의 경우, 자기 몸 하나 잘 지키는 것이 결국 사회를 위한 길이라고 믿었을 것입니다. 이런 점에서 위아주의爲我主義는 개인주의個人主義로 해석되기도 합니다.

개인주의와 이기주의利己主義는 좀 다르죠. 제가 구분하는 둘의 차이는 개인주의는 남에게 피해를 주지 않지만, 이기주의는 자신의 이익을 위해 남에게 해害를 끼치게 된다는 거죠. 개인주의를 옳다고 볼 수는 없지만, 이기주의적이어서는 안 된다는 것이 제 생각입니다.

개인의 권리와 이익 그리고 사회의 질서와 공익은 서로 충돌하기도 합니다. 어느 정도 모순 관계가 있고, 어느 한쪽이 강조되면 둘의 조화와 균형은 무너질 수밖에 없습니다. 그러면 개인의 자유가 침해되기도 하고 사회가 혼란스럽게 되기도 합니다.

저는 요즘 세상을 바라보면서, 남에게 이익을 주지는 못할망정 최소한 남에게 피해를 줘서는 안 된다고 생각합니다. 나만이 아닌 우리를 함께 생각하면 좋겠다는 것이지요. 그렇다고 전체주의全體主義를 옹호하는 것은 아닙니다.

자신만을 위해 사는 것이 아니라 남을 위하고 세상을 위해 일한다는 사람들이 있습니다. 그러한 생각이 잘못된 신념으로 무장되어 행동하면 더 위험합니다. 오히려 다른 사람에게 해가 되고 사회에 큰 혼란만 주게 되죠. 특히 대중[집단]을 잘못 인도하게 되면 그같이 큰 죄가 없습니다.

이를 소태산 대종사님께서는 중생이 짓는 무서운 죄업의 하나로 "바른 이치를 알지 못하고 대중의 앞에 나서서 여러 사람의 정신을 그릇 인도함이요."라고 말씀하셨습니다.

세상에는 나만을 위해 사는 게 아니라 이웃을 위해 세상을 위해 사는 참 고마운 사람들이 많습니다. 그런 분들이 있기에 우리 사는 세상이 살만하고 아름답습니다. 그런 사람들이 많을수록 낙원 세상에 더 가까워지게 되지요.

101년 전, 오늘!
창생을 위해, 세상을 위해 기도하신 분들이 있습니다.

원불교를 세운 창립 제자 아홉 사람은 창생의 구제를 위해서는 죽어도 여한 없는 '사무여한死無餘恨'의 기도 정성으로 백지혈인 白指血印의 이적을 나타냈습니다.

법계로부터 인증을 받은 날!
오늘이 원불교 경축일 중 하나인 '법인절法認節'입니다.

개인주의와 이기주의가 만연한 세상에서
남을 위하고 세상을 위해 살고자 하는
숭고한 마음을 가진 사람들이 많아졌으면 좋겠습니다.

그런 아름다운 세상을 위해
오늘도 기도 올리고 사배 복고합니다.

○ 원기105년 8월 21일

I am your energy

한 정유회사의 PR 광고 문안입니다.
'나는 당신의 에너지야.'

참 힘이 나는 문구입니다.
왠지 힘이 나는 것 같고, 기운이 솟는 듯합니다.

우리네 인생살이가 때론 힘이 들고 지쳐있을 때가 있죠. 왜 안 그러겠어요. 나도 슈퍼맨이 아닌 보통 사람인데. 과중한 업무에 지치기도 하고, 인간관계에 힘들기도 하고, 원하는 것을 이루지 못할 때의 답답함과 무력감 등. 한두 번은 견뎌낼 수 있지만 어려움과 계속 부딪히게 되면 지치고 힘들 수밖에 없죠.

"아빠. 힘내세요. 우리가 있잖아요."

아빠에겐 귀여운 아이들이 에너지원이죠. 아이들 얼굴 보고 있으면 근심 걱정 다 잊고 새로운 활력을 얻습니다. 어려울수록 힘이 되는 가족, 우리 가족은 나의 에너지입니다.

저의 가까운 지인 중에 이런 분이 계십니다.
"교무님. 기운 떨어지면 언제든지 연락하세요. 다른 건 몰라도 맛있는 밥 사 드릴게요."

그 찬스를 자주 쓰지는 않지만, 그런 사람이 있다는 것만으로도 든든하고 의지가 됩니다. 먹는 그 음식이 꼭 보양식과 영양식은 아니어도 따뜻하고 정겨운 밥 한 그릇이면 큰 힘이 되는 거죠.

'I am your energy'

위로와 격려, 힘이 되는 말 한마디, 말없이 보내는 눈빛과 기운. 꼭 진지할 필요도 없습니다. 함께 수다 한바구니 털어놓고 나면 다시 새로운 기운이 솟습니다.

나는 너의, 너는 나의 에너지입니다. 힘 빠지게 하는 그런 것들은 멀리 던져버리고 서로 힘을 북돋아 주는 좋은 인연이면 좋겠습니다.

그래도 우리가 꼭 생각해 볼 것이 있습니다.

'무한동력無限動力'

언제 어디서나 한없이 끝없이 공급해 주는 무한 에너지,
어디에 플러그를 꽂을까요?
잘 받고 계십니까?!

○ 원기105년 8월 28일

목소리가 성우 같으세요

병원에 가기 위해 택시를 탔습니다. 비도 오고, 건강에 대한 걱정으로 침울한 상태였습니다. 목적지를 말하는 제 목소리를 들으시고 기사님께서 이렇게 말씀하십니다.

"손님, 목소리가 1급이세요. 꼭 성우 같으세요."
"아, 그러세요. 감사합니다."

약간은 수줍게 감사의 인사를 했지만, 기분이 좋아졌습니다. 병원을 가는 무거운 마음도 가벼워지고 칭찬받고 인정받는 마음에 입가에 미소가 번졌습니다. 이렇게 상대방을 기분 좋게 만드는 기사님의 따뜻한 마음에 감사심이 났습니다.

소태산 대종사님께서는 "사람이 말 한번 하고 글 한 줄 써가지고도 남에게 희망과 안정을 주기도 하고 낙망과 불안을 주기도 한다."라고 하셨습니다.

칭찬하는 말 한마디, 격려의 말 한마디. 사실 돈이 드는 것도 아니고 큰 노력이 필요한 것도 아닙니다. 상대방을 배려하고 존중하는 마음 플러스, 약간의 서비스 정신만 있으면 가능한 일입니다.

저로서는 오랜만에 들어보는 목소리 칭찬입니다. 가끔 목소리 좋다는 칭찬을 들었지만 "성우 같으세요."라는 한 단계 더 높은 칭찬은 오랜만이거든요. 이어지는 대화에서 저 자신이 좀 더 멋지게[성우같이] 목소리를 내고 있었습니다.

목소리에도 색깔이 있고, 온도가 있다고 합니다. 목소리의 색깔이 그 사람의 개성이라면 목소리 온도는 그 사람의 마음씨인 것 같아요.
우리는 글로 표현된 내용과 말로 직접 전하는 것은 확실히 다르다는 것을 알죠. 글이 건조한 느낌이라면 말은 감정 그대로가 전달되곤 하죠.

거친 목소리와 부드러운 목소리,
차가운 목소리와 따뜻한 목소리,
어느 쪽이 더 호감이 가고 편안하게 느껴질까요?

"성우 같으세요."

꼭 멋지고 개성 있는 목소리를 내는 성우가 아니더라도 편안하고 다정하고 믿음직스럽고 분명하고 활기차고 유쾌한 목소리를 가진 사람이면 좋겠습니다.

어느 책을 봤더니
"좋은 목소리는 마음까지, 한 번 더 뒤돌아보게 하는 끌림이 있다."라고 하더군요. 결국 목소리도 마음의 표현이지요. 그 사람의 마음의 상태에 따라 목소리의 색깔과 온도가 다르게 나타나기 마련입니다.

악기가 아무리 훌륭하여도 어떤 곡을 어떤 마음으로 연주하느냐에 따라 듣는 사람에겐 달리 들립니다.
목소리만 좋은 것이 아니라 어떤 말을 어떤 음색과 온도로 하느냐가 중요하겠지요.
가능한 긍정적인 내용으로 밝은 목소리, 따뜻한 목소리로 불공佛供하면 좋겠습니다.

○ 원기105년 9월 4일

하늘 한번 올려다봐요

어느 교무님으로부터 카톡 사진 한 장을 받았습니다.
푸르디푸른 하늘에 작은 뭉게구름이 찍힌 사진이었는데요. 그 사진 한편에 이런 글이 적혀 있었습니다.

"우리 하늘 한번 올려다봐요.
 보기만 해도 기분이 좋아지는 오늘!"

하늘을 보기 전에 먼저 기분이 좋아졌습니다. 카톡 사진을 보내준 그 교무님의 마음이 고마웠고 비록 사진이긴 하지만 푸른 하늘을 먼저 만나게 되어 기분이 상쾌해졌습니다.

하늘을 보기 위해 교당 옥상에 올라갔습니다.
사진만큼 푸른 하늘은 아니었지만 그래도 하늘을 보는 것만으로도 기분이 좋아지고 가슴이 뻥 뚫린 느낌이었습니다.
곧바로 인증사진을 찍어 그 교무님께 보냈습니다.

나도 하늘을 보았노라고.

하루를 살면서 하늘 보는 일이 많지 않은 것 같습니다.
앞만 보고, 땅만 보고….

고개를 약간 들기만 하면 되는데 그럴 여유조차 없습니다.
도대체 무엇에 끌려다니며 사는지. 하늘이 있건만 하늘을 보지
않으니, 하늘을 닮을 수 없겠지요.

티 없이 맑은 하늘 때론 구름이 지나가고 때론 구름이 온 하늘을
덮을지라도 본디 하늘은 맑고 푸른 하늘입니다.

순수하고 청명한 하늘이 저 허공에만 있는 것은 아니죠.
소태산 대종사님께서는
어린이들을 '하늘 사람'이라고 했는데요.
그들의 마음에 추호도 사심이 없기 때문이라고 하셨습니다.

"우리 가끔 하늘을 올려다봐요."

네. 저 허공의 푸른 하늘도 올려보고
티 없이 맑은 하늘 사람들도 바라보시게요.
자꾸 올려보고, 바라다보면
언젠가 나도 하늘마음, 하늘 사람이 되지 않을까요.

하늘이 점점 높아지는 가을입니다.
하늘이 점점 푸르러져 가는 가을입니다.

"우리 오늘 하늘을 올려다봐요."

○ 원기105년 9월 11일

고무망치로 때려줘서 감사합니다

지방에 한 교회 목사님이 교회 출입문에 이런 글을 게시했습니다.

"예배드리면 죽인다고 칼이 들어올 때, 목숨을 걸고 예배드리는 것이 신앙입니다. 그러나 예배 모임이 칼이 되어 이웃의 목숨을 위태롭게 하면 모이지 않는 것이 신앙입니다."

담임목사는 이 손 글씨 안내문을 걸고 이날 이후 모든 예배를 온라인 가정예배로 전환했습니다. 많은 사람이 공감하고 지지했다고 하는데요.

그런데 얼마 후 대면예배를 지지하는 몇 사람이 찾아와 "왜, 애국 목사를 괴롭히냐."라며 고무망치로 그 목사를 여러 차례 때렸다고 합니다. 폭력으로 보복한 것입니다.

이런 상황에서 저는 신앙과 폭력에 대해서 논하거나 법으로 옳고 그르고를 따지려는 것이 아닙니다. 저에게는 그 목사님의 인터뷰 내용이 큰 깨침과 감동으로 다가왔습니다.

"그들을 고발할 생각이 없습니다. 그들도 사정이 있을 테고, 어쩌면 불쌍한 분들입니다. 손잡고 그들의 애기를 들어주면 그들의 마음이 풀릴 것입니다. 다행히 쇠망치가 아닌 고무망치로 때려준 것이 감사하고 이에 따라 침도 맞게 해줘서 감사합니다."

예수께서는
"누가 네 오른뺨을 치거든 다른 뺨마저 돌려대어라."라고 하셨죠. 악을 악으로 갚는 것이 아니라 사랑으로 감싸는 거죠. 죄짓는 사람, 악한 사람을 오히려 불쌍히 여기고 그들을 사랑으로 감싸는 것이 진정한 사랑일 것입니다.

소태산 대종사님께서는
한 제자가 어떤 사람에게 봉변당하고 분을 이기지 못하는 것을 보고 이렇게 말씀하십니다.

"네가 갚을 차례에 참아 버리라. 그러하면 그 업이 쉬어지려니와 네가 갚고 보면 저 사람이 다시 갚을 것이요. 이와 같이 서로 갚기를 쉬지 아니하면 그 상극의 업이 끊일 날이 없으리라."

저 또한 지금까지 그런 사람들을 보면서 몰상식하고, 나쁜 사람들이라고 생각했습니다. 남에게 피해를 주고, 사회를 어지럽히는 그런 사람들은 벌을 받아야 한다고 생각했습니다.

그들이 잘했다는 것이 아닙니다. 이 또한 우리 사회가 풀어야 할 숙제라는 것이죠.
그리고 종교는 어느 순간에도 어떤 사람에게라도 사랑과 자비와 은혜가 베풀어져야 한다는 것입니다.

"고무망치로 때려줘서 감사합니다."

나는 그럴 수 있을까요?
큰 깨우침을 주신 목사님, 감사합니다.

○ 원기105년 9월 18일

노익장老益壯 열정

최근 한 교도님으로부터 자작 시집詩集을 선물 받았습니다. 『하늘에 그린 집』이라는 멋진 제목의 시집인데요. 작가는 칠십 중반의 연세로 이번이 두 번째 시집입니다.

지금은 문단에 등단하여 시와 수필을 쓰고 있지만, 문학을 전공한 것도 아니고 그 첫 시작은 복지관에서 취미활동이었다고 합니다. 늦은 나이에 시작했지만, 그 누구보다도 열성적이고 꾸준하게 작품을 쓰고 계십니다.

세상의 흐름을 알기 위해 매일 신문을 읽고 있고, 주변의 일상들을 밝은 눈과 귀로 보고 듣고 있고, 산책하면서 자연과 호흡하고 대화하는 노력을 하고 계십니다. 그래서인지 그분의 시에는 우리들의 평범한 일상이 담겨 있더군요.

이해하기 난해한 시가 아니라 풍경화처럼 그림이 그려지고 바로 공감할 수 있는 쉬운 시어詩語들이었습니다. 그러면서도 그 밑바탕에는 '진솔함'이 자리하고 있었고요. 더 반가운 것은, 원불교 신앙을 통해 자연스럽게 녹아든 인생을 바라보는 지혜입니다.

노익장; 나이가 들어 더욱 왕성하게 활동함.

육체적 기력이야 젊은 사람들을 당해낼 수 없겠지만, 인생의 연륜으로 단련된 꾸준한 정성은 그저 대단하다고밖에 말할 수 없겠더군요.

노사연의 노래 가사가 생각납니다.
"우린 늙어가는 것이 아니라 조금씩 익어가는 겁니다."

인생의 황혼기에 접어들어 그저 허탈함과 무상함으로 세월을 보내는 것보다 새로운 도전과 새로운 인연의 씨앗을 뿌려 나가는 모습이 참 아름답게 보입니다.

시인의 표지 글을 소개합니다.

"숱한 변화의 바람 속에서 나열된 자연을 화두 삼아
이런저런 감상을 안고 걷고 걷는다.
시의 향기는 가슴을 흔들고 비밀스러운 향기를 품고 있어
스치듯 지나가 버린 추억을 회상하니 얼마나 아름다운가."

아름다운 인생을 위해
우리 모두
"브라보 마이 라이프!"

　　　　　　　　　　　　　　　　○ 원기105년 9월 25일

가을의 초입初入

추석 명절 잘 보내셨는지요?

올해는 추석 같지 않은 추석을 보내는 것 같아 안타깝고 서운한 마음입니다. 풍요와 감사보다 힘들고 아픈 상처들이 우리 주변 곳곳에서 긴 생채기를 하고 있습니다.

누가 그러더군요. 시작이 있으면 끝이 있는 거라고. 이 어렵고 힘든 시절도 곧 끝나리라는 희망을 안고 우리는 또다시 아침에 밝은 해를 바라봅니다.

요즘 들어 자연을 자주 바라봅니다. 가을의 초입이라 아직은 싱싱해 보이지만 나무와 풀들이 옷을 갈아입을 준비를 하고 있습니다. 설악산의 단풍도 차츰 산 아래로 내려오고 있다고 하고요. 시간은 이렇게, 자연은 또 이렇게 순리대로 자신들의 시간을 맞추며 변하고 있습니다.

교당 앞 광장에 가을맞이 국화 화분들이 줄지어 운동장을 만들었습니다. 그 꽃들을 가끔 내려다보며 다시 밝고 환한 마음을 내어 봅니다. 노란색을 띠기 시작하는 은행나무 가로수를 보면서 멋진 가을의 낭만을 미리 상상해 보기도 합니다.

추석 명절이어서 과일을 많이 먹었습니다. 사과, 배, 포도, 복숭아, 키위 등. 그중에서도 배는 과즙과 단맛이 역대급으로 맛있었습니다. 먹으면서도 또다시 먹고 싶은 그런 맛이라고나 할까요. 아무튼 가을의 결실이 주는 선물에 감사하지 않을 수 없습니다.

10월이 시작되고 이젠 결실을 생각해 보면서 소태산 대종사님의 '인과품' 법문을 떠올려 봅니다.

"어리석은 사람은 남이 복 받는 것을 보면 욕심을 내고 부러워하나, 제가 복 지을 때를 당하여서는 짓기를 게을리하고 잠을 자나니, 이는 짓지 아니한 농사에 수확하기를 바라는 것과 같나니라. 농부가 봄에 씨 뿌리지 아니하면 가을에 거둘 것이 없나니 이것이 인과의 원칙이라, 어찌 농사에만 한한 일이리오."

"봄에 씨 뿌리지 아니하면 가을에 거둘 것이 없나니…"

잘 뿌리고, 잘 가꾸어야 함을
이 가을의 초입에 다시 생각해 봅니다.
남은 명절 연휴, 행복하게 지내시길 기원합니다.

○ 원기105년 10월 2일

누구나 실수하고 잘못할 수 있다

사람이 살면서 실수 안 하고 잘못 안 할 수 있나요?
성인, 군자가 아닌 이상 누구나 실수하고 잘못을 저지를 수 있습니다. 문제는 얼마만큼 실수를 줄이고 잘못을 적게 하냐겠죠.

실수나 잘못을 대하는 여러 유형이 있습니다.
자신의 실수와 잘못에 대해 스스로 용납이 안 돼 힘들어하는 사람, 너무 쉽게 그 잘못을 잊어버리는 사람, 그것을 거울삼아 다시는 범하지 않는 사람입니다.

상대방의 실수와 잘못에 대해서도 절대 용납하지 않는 사람, 용서하고 기회를 주는 사람, 모든 것을 감싸안고 오히려 자신의 부족함으로 돌리는 사람도 있습니다.

대산 종사님께서는
"누군가 혹 실수가 있을 때 그 일은 바룰지언정 사람을 미워하지 말 것이며, 그 마음을 고쳐 주기로 노력할지언정 사람까지 버리는 일은 없어야 한다."라고 말씀하셨습니다.

그런데 우리는 실수하고 잘못한 사람을 보면 미운 마음이 먼저 올라오게 됩니다. 그리고 한두 번의 실수와 잘못으로 그 사람을 단정하고 평가해 버립니다. 용서하고 앞으로 잘할 수 있다는 희망으로 바라보지 않습니다.
이것은 자신에 대해서도 마찬가지입니다. 한두 번의 실수와 잘못에 대해 마음을 풀어버리고 되는 대로 해버리고 낙담하여 향상을 끊는 경우가 많습니다.

누구나 실수하고 잘못할 수 있습니다. 물론 작은 실수와 잘못을 그냥 놔두면 앞으로 큰 실수와 큰 잘못으로 이어질 수밖에 없으니 조심하고 또 조심해야 하겠지요.

중요한 것은 자신의 실수와 잘못에 스스로 용서하기도 하고, 상대방에 대해서는 잘못한 일이라고는 할지언정 아예 잘못된 사람이라고 단정 지어버리는 우를 범하진 말아야 하겠습니다.

이것은 제가 자주 범하는 실수와 잘못입니다.
남의 실수와 잘못에 대해 마음으로는 용서한 것 같았는데 마음 깊이 자리하고 있는 그 사람에 대한 작은 미움은 쉽게 가시지 않는 것 같습니다.

"그 일은 바룰지언정 사람을 미워하지 말라."

항상 명심하겠습니다.

○ 원기105년 10월 9일

사과 한 알

사과 한 알을 냉장고에서 꺼냈습니다. 빨갛게 잘 익은 사과가 탐스러워 보였습니다. 깎기 전에 쟁반 위에 놓인 사과를 물끄러미 바라보았습니다. 빛깔도 곱고 참 잘생긴 사과입니다.

이 사과 한 알이 나에게 오기까지 수많은 사람의 정성과 손길을 거쳤겠지요. 그 이전에 햇빛과 바람과 비와 이슬이 껍질을 만들고 살을 채우고 고운 빛깔을 만들었을 겁니다. 강한 태풍도 당당하게 이겨냈을 것이고요.
이 작은 사과 한 알에 천지, 부모, 동포, 법률의 은혜가 꽉 들어차 알알이 영글어 있는 거지요. 이 사과 한 알뿐이겠습니까. 모든 만물이 그 은혜 속에 만들어지고 살아갑니다.

사과를 깎아 보았습니다. 쓱, 쓱. 경쾌하게 잘도 깎입니다. 상쾌하고 기분 좋은 소리입니다. 사과를 한입 베어 물었습니다. 사각, 사각. 과즙의 청량함이 입안을 가득 채웁니다.

사과 한 알을 지그시 바라보니 그 전에 보이지 않던 은혜가 보입니다. 가만히 바라볼 때 나에게 다가옵니다. 사과 한 알뿐이겠습니까. 모든 것이 은혜임을 다시금 느껴봅니다.

○ 원기105년 10월 16일

단풍과 낙엽, 그리고 청소

느티나무 가로수 길이 있습니다. 봄에는 신록으로 생명의 잔치를, 여름에는 녹음으로 시원한 그늘을, 가을이면 단풍으로 멋진 낭만을 선물합니다. 붉고 노란 단풍에 굳이 산을 찾지 않아도 이 가을의 단풍을 맘껏 만끽할 수 있습니다.

매일, 물들어 가는 아름다운 가을을 바라보는 것은 이 가을에 크나큰 행복입니다. 바람이 불자 떨어지는 낙엽이 많아지기 시작했습니다. 바닥에 뒹구는 낙엽을 밟으며 걷는 낭만을 즐겨봅니다.

버스 정류장으로 가늘 길.
유난히 단풍과 낙엽들이 저를 반갑게 반기는 듯했습니다. 그런데요. 저기 한쪽에서는 야광 청소복을 입은 환경미화원께서 그 떨어진 낙엽들을 열심히 쓸고 계셨습니다.

아차, 싶더군요. 저분은 떨어진 낙엽 치우는 것이 일이고 고생일 텐데 말이죠. 가로수 길 전부를 저렇게 쓸고 치워야 하니 저분들에게는 가을 단풍이 낭만은커녕 혹 원망이 되겠다 싶어 미안한 마음이 들었습니다.

세상 이치가 양이 있으면, 음이 있게 마련입니다. 음과 양이 서로 주거니 받거니 하면서 어울려 조화를 이루는 것이 세상의 모습입니다. 그래서 양은 다시 음이 되고 음은 다시 양이 될 수 있습니다.

겉으로 빛나 보이는 모습 뒤엔 보이지 않게 묵묵하게 받쳐주는 이들이 있습니다. 한 송이 국화꽃을 피우기 위해 봄부터 소쩍새는 그렇게 울었겠지요. 어찌 보면 국화꽃도 소쩍새도 다 세상의 주인공입니다.

환경미화원께서 한참 낙엽을 쓰시다가 잠시 휴식을 취해 자판기 커피 한잔을 마시는 모습을 봤습니다. 동료와 함께 밝게 이야기하는 모습이 참 평화롭게 보였습니다. 아침 일찍 찬바람에 청소 노동의 힘듦이 커피 한 잔의 여유로 싹 가시길 기원했습니다.

세상에 평화가 깃들기를 기원합니다.
환경미화원 동포님들!
오늘도 감사합니다.

○ 원기105년 10월 23일

배려와 존중

SBS 방송에서 코로나19 사태 극복을 위해 이전보다 더 중요해진 가치를 묻는 설문이 있었습니다.
'법과 제도 준수'는 19.1%, '타인에 대한 배려와 존중'은 62.8%로 나타났습니다. 새로운 시대에 공동체의 지속을 위해서는 강제적 규율보다 상호 배려를 통한 자발적 협력이 가장 중요하다는 인식을 보여 준 결과라고 보도했습니다.

'배려와 존중.'
비단 코로나 시대 극복을 위해서만 필요한 가치가 아니겠지요. 혼자 사는 세상이 아니라 함께 어울려 살아가야 하므로 이전에도, 그리고 또 앞으로도 우리 사회에 꼭 필요한 가치이자 문화의식입니다.

배려配慮의 한자로서 해석은 "짝처럼[配] 마음으로 다른 사람을 생각함[慮]"입니다. 비록 잘 모르는 사람이라 할지라도 나와 가깝고 소중한 사람으로 생각하라는 것이죠.

소중한 사람을 도와주거나 보살펴 주려는 마음은 당연하고 쉽게 낼 수 있습니다. 그런데, 나와 상관없는 사람, 내가 멀리하고 싶은 사람에겐 그러한 배려심이 나오기 어렵다는 거죠. 비록 가까운 사람이라 할지라도 배려심이 없이 함부로 대하는 경우도 많습니다.

사실, 배려는 존중에서 나옵니다. 상대방을 존중하기 때문에 배려심이 나오게 되는 거죠. 존중尊重의 한자로서 해석은 "높이어[尊] 매우 중요하게 대함[重]"인데요. 존중할 줄 아는 사람이 존중받을 수 있습니다.

고귀한 생명을 가진 존재로서 존귀하지 않은 사람이 없습니다. 그런데 세상은 존중의 잣대를 사회적 지위, 부의 정도, 지식의 유무 등으로 평가합니다. 거기에 합당하지 않으면 무시하고 멸시하고, 하대해 버립니다.

'배려와 존중'
굳이 고준한 가치와 실행을 찾을 필요도 없습니다. 노약자에게 자리를 양보하고 공중의 장소에서 타인을 불쾌하게 하는 큰 소리를 내지 않고 코로나와 관련해서 마스크를 꼭 착용하는 일 등입니다.

남을 굳이 돕지 않더라도 최소한 남에게 손해를 끼치지 않겠다는 마음, 남을 극진하게 존중하지 않더라도 차별하거나 무시하지 않는 마음, 서로 이해하고 협력하는 마음이 배려와 존중의 첫 출발이 될 것입니다.

마지막으로 소태산 대종사님의 법문을 전해드립니다.

"저 사람의 존대를 받는 방법은 곧 내가 먼저 저 사람을 존대하며 위해 주는 것이니, 내가 그를 존대하고 위해 주면 그도 나를 존대하고 위해 주느니라."

○ 원기105년 10월 30일

선의의 경쟁과 승복

먼 나라 이야기지만 지구촌은 물론 국내 뉴스를 장식하고 있는 것이 미국 대통령 선거입니다. 미합중국이다 보니 선거제도가 좀 복잡하여 미식축구 규칙만큼 어려웠던 선거제도가 연일 보도되는 뉴스 덕분에 이해할 수 있게 되었습니다. 총득표수가 아닌 각주마다 배정된 선거인단 중 과반수인 270표를 확보하는 것이 당락을 결정짓는 제도이지요.

선거 전 여론조사는 바이든의 우세, 초기 개표는 트럼프의 우세, 개표 막바지에는 바이든의 역전으로 바뀌었습니다. 이제 바이든의 당선이 거의 확실시되고 있다고 하는데요.

문제는 현 대통령인 트럼프의 선거 불복 사태입니다. 개표 중단과 선거 무효 소송을 법원에 신청했고 부정선거, 잘못된 선거라고 우기고 있습니다. 자기가 앞서고 있을 때는 승리를 예언하다가 우편투표로 상황이 뒤집히자, 어깃장을 부리는 모습이 과연 트럼프답다는 생각과 볼썽사나운 추태로밖에 보이지 않습니다.

시사평론가의 말에 의하면, 선거 결과에 승복하지 않는 것은 민주주의가 꽃핀 미국에 있어 민주주의의 후퇴요, 민주주의의 근간이 흔들리는 것이라고 합니다. 이전 대통령 선거의 경우 깨끗하게 승복하고 새로운 대통령에게 축하와 덕담을 건네는 것이 미덕이었기 때문이죠.

승자는 자신에겐 겸손과 패자에겐 아량을, 패자는 승자에게 축하를 건네고 승복하는 것이 선의의 경쟁에서 아름다운 마무리가 될 것입니다.

거창하게 대통령 선거를 떠나서 크고 작은 경쟁에서 그 결과를 인정하고 승복하는 것은 어려운 일 같습니다. 자기 잘못과 부족함을 인정하고 반성하는 것도 마찬가지입니다.

자존심 때문일까요.
상대가 끝까지 밉고 원망스럽기 때문일까요.
더 큰 것을 얻지 못하는 데서 오는 패배감 때문일까요?

제 생각엔 나를 놓고 전체를 위하는 마음이 없어서 지금 당장에 얽매어 미래를 바라보지 못하는 어리석음 때문인 것 같습니다. 한마디로 '나'라는 것에, '욕심'에 묶여있기 때문이 아닐까요.

정산 종사님의 법문을 떠올려 봅니다.

"당장에는 이겼다 할지라도
교만하고 방심하면 다음에는 질 것이요,
당장에는 졌다 할지라도 겸손하며 분발하면 다음에는 이기리라."

○ 원기105년 11월 6일

포기하지 않는 것

TV를 보다가 방송 자막이 눈에 들어왔습니다.

"성공할 수 있는 가장 쉬운 방법, 포기하지 않는 것."

누구나 성공하기를 원합니다. 크고 작고 간에 자신이 세운 목표를 달성했을 때의 기쁨과 행복감은 뭐라 말할 수 없죠. 하지만 성공은 쉽게 주어지지 않습니다. 성공할 확률보다 실패할 확률이 더 높은 게 사실입니다.

한두 번의 실패는 괜찮다고 말할 수 있습니다. '다음에 잘하면 되지 뭐' 스스로에 위안도 해봅니다. 그런데 쓰러지고 또 쓰러지면 포기하고 싶은 마음이 나게 됩니다. '나는 안 되는 가보다.' 스스로 자책하면서 말이죠. 녹록지 않은 세상을 원망해 보기도 합니다.

우스갯소리로 "포기는 배추 셀 때나 써라."라고 하죠.
절대 포기하지 말고 끝까지 도전하라는 용기의 말입니다.
집념을 가지고 끝까지 하는 것은 성공으로 가기 위한 가장 중요한 요소입니다.

소태산 대종사님께서는 포기 대신 목적을 이룰 때까지 끝까지 최선을 다하는 '정성'을 말씀하십니다.
"성誠이라 함은 간단없는 마음을 이름이니,
 만사를 이루려 할 때에
 그 목적을 달하게 하는 원동력이니라."

요즘 젊은이들의 어려움을 반영하여 삼포 시대, 오포 시대를 말하기도 합니다. 직장, 결혼, 출산, 내 집 마련 등 참 어려운 시절입니다. 그래서 꿈마저 포기한다는 말까지 나올 정도이죠. 어쩌면 '포기'라는 단어가 익숙해지고 있습니다.

때로는 빨리 포기하고 새로운 길을 모색하는 것이 더 현명한 방법일 수 있습니다. 빠르게 단념하고 포기하는 용기가 필요할 때도 있죠. 아닌 길을 고집하다간 시간만 낭비할 수도 있기 때문입니다.

이 어려운 시대에 그래도 해볼 수 있는 것은 너무 쉽게 포기하진 말자는 것입니다. 야구는 9회 말 투아웃까지 끝난 게 아니라고 말합니다. 스스로 자포자기하여 향상의 길을 끊는 어리석음을 범해선 안 되죠. 지금이 마지막 한고비일 수도 있는 것이니까요.

아직도 혼란스러운 미국 대선이지만 바이든 후보는 삼수 만에 대통령에 당선되었습니다. 나이가 78세 고령입니다. 그에겐 아픈 가족사도 있고 험난한 정치 역경도 있었습니다. 끝까지 포기하지 않았기에 그의 목표를 이룰 수 있었습니다.

원불교 2대 종법사이셨던 정산 종사께서는 6·25동란 중 맞은 새해 아침에 이렇게 말씀하십니다.
"희망을 잃지 말라. 영원한 세상을 통해 볼 때 당장에는 아무리 난경에 처해 있다 할지라도 자포자기하지 않고 희망을 잃지 않는 이는 여진이 있고 진보가 있으리라."

"성공할 수 있는 가장 쉬운 방법, 포기하지 않는 것!"

희망을 품고
끝까지 해보자.
후회 없이 최선을 다하자.

대입 수능을 준비하는
작은아들 원빈이에게
아버지로서 해주고 싶은 용기의 말이기도 합니다.

○ 원기105년 11월 13일

넘지 말아야 할 선線, 통해야 할 선線

버스를 자주 타는 편입니다. 퇴근 시간대라 도로가 꽉 막혀있습니다. 이렇게 꽉꽉 막히는 교통 체증에도 버스는 전용차선이 있어 그나마 빠른 편입니다.

큰 트럭 한 대가 파란색 선을 침범합니다. 버스 기사님은 화가 나 클랙슨을 크게 울리고 입에서는 안 좋은 소리가 튀어나옵니다. 트럭이 넘지 말아야 할 선을 넘은 겁니다.

지켜야 할 선, 넘지 말아야 할 선이 있습니다. 법과 규칙으로 정해진 선뿐만 아니라 예의와 양심상 지켜야 할 선이 있습니다. 만약 어기면 사고가 나고 서로 다툼이 생깁니다.

넘어서는 안 된다는 것은 꼭 그 선을 지키는 것인데요. 세상을 살다 보면 간혹 그 선을 지우려고 하고 넘어서려고 합니다. 나의 이익을 우선하기 때문이죠. 상대방을 배려하지 않고 일방적으로 나만을 생각하기 때문입니다.

한편, 통해야 할 선線도 있습니다.
대산 김대거 종사께서는 "사람은 법의 선線이 통하도록 장치하고 살아야 항상 평화스럽고, 안정되게 살 수 있는 것이다."라고 말씀하십니다.

나는 법선法線으로 연결되어 통하고 사는가?

진리의 법선과 직통하여
무한동력
무한 은혜가 넘치는 둥그런 진리 안에서
날마다 평화롭고 행복하시길 기원합니다.
○ 원기105년 11월 20일

쓰면 쓸수록 닳는다

아파트 엘리베이터를 탔습니다. 가고자 하는 층의 버튼을 누르다 눈에 띄는 현상을 발견하게 되었습니다. 코로나19로 인해 항균 필름이 부착되어 있는데 1층과 닫힘 버튼이 유독 많이 닳아져 있었습니다. 그만큼 그 버튼을 많이 눌렀다는 것이겠지요.

나이가 들어감에 눈도 침침하고 귀도 잘 안 들립니다. 그뿐입니까. 허리가 아프고 무릎이 아파 걷기가 힘들다고 합니다. 한평생 이 몸을 지탱하고 움직였으니 그럴 만하죠.

쓰면 쓴 만큼 닳게 되고, 결국 다 닳게 되면 없어지는 것이 자연의 이치입니다. 새것은 헌 것으로, 있던 것은 점차 없는 쪽으로 변해갑니다.
사실 이 몸의 늙어감도 시간이 흐르니 늙어가는 것이 아니라 그만큼 많이 사용했기 때문에 닳아지는 현상입니다.

한껏 푸름을 자랑했던 나뭇잎도 나무를 키우고 열매를 맺기 위해 힘을 다하다가 단풍이 되고 나뭇잎으로 떨어져 일생을 마치게 되죠.

정신 기운도 마찬가지입니다. 자동차의 연료는 달릴수록 닳듯이 정신을 많이 쓰면 쓸수록 닳게 되어 있죠.
경고등이 켜지거나 잘못하면 고갈되어 멈춰버리는 일도 있습니다.
함부로 쓰고 잘못 쓰면 쉽게 닳게 되어 있습니다. 엘리베이터 닫힘 버튼이 많이 닳았다는 것은 굳이 쓰지 않아도 될 버튼을 많이 눌렀다는 표시입니다.

나의 몸과 마음[정신]의 버튼은 어떻습니까?

너무 자주 누르는 건 아닙니까?
잘못 누르는 곳은 없습니까?
아껴 쓰고, 채워 넣고, 잘 보존하십니까?

○ 원기105년 11월 27일

코로나19 기도

함께 기도해 주세요.

거룩하신 법신불 사은이시여!
코로나19가 오랫동안 지속되고 있나이다. 하루빨리 진정되길 바랐는데 갑자기 늘어난 확진자로 걱정과 불안은 점점 커져만 가나이다. 만나고 싶은 사람, 가고 싶은 곳, 어느 하나도 제대로 할 수 없는 상황에서 우리의 몸과 마음도 힘들고 지친 생활을 보내고 있나이다.

거룩하신 법신불 사은이시여!
천지자연에 대한 우리 인간들의 무지와 오만과 과용을 깊이 참회하옵나니, 이 코로나 사태가 하루빨리 진정되고 일상으로의 회복을 간절히 기도하나이다.

하루빨리 안전하고 효능 높은 코로나 백신이 보급되어 그동안 불안과 공포로 인해 힘들어했던 나와 가족과 이웃과 모든 인류에게 몸의 건강과 마음의 평화를 찾게 하여 주시옵소서.

코로나19와 맞서 최일선에서 수고하시는 의료진, 방역 당국과 육체적, 심리적, 경제적 고통을 당하는 모든 분이 힘든 고통의 터널에서 벗어나 새로운 용기와 희망으로 살아가게 하옵소서.

항상 마스크를 쓰고 답답했던 생활과 주변 사람들을 경계해야만 했던 생활에서 벗어나 자유롭게 대화하고 차를 마시고 맛있는 음식을 먹을 수 있는 행복한 일상을 회복하게 하옵소서.

거룩하신 법신불 사은이시여!
저희는 불안과 공포가 얼마나 힘든 것인지, 소중한 것이 사라질 때 오는 상실감이 얼마나 큰 것인지, 가진 것이 없어도 자유로운 삶을 사는 것이 얼마나 큰 행복인지 알게 되었나이다.

저희에게 법신불 사은의 은혜와 위력을 믿고, 나의 존엄하고 강인한 생명의 힘을 믿고, 방역 당국과 의료진의 헌신적인 치료의 힘을 믿고, 위기를 슬기롭게 돌파하는 올바른 국민의 의식을 믿고 합력하게 하옵소서.

저희에게 하루빨리 안정과 평화가 회복되길 간절히 기도하옵나니, 크신 은혜와 사랑으로 함께 하시옵소서.

간절한 마음을 모아 일심으로 비옵나이다.

○ 원기105년 12월 4일

밥과 법

아침 밥상을 바라보면서 드는 생각입니다.
밥과 법法, 단지 모음 하나 차이인데 그 의미는 크게 다릅니다.
밥은 몸의 생명에 법은 정신의 생명에 없어서는 안 될 요소이죠.

저는 혼자 있는 시간이 많아도 밥은 꼭 챙겨서 먹습니다. 꾸역꾸역 때우는 때도 있지만 될 수 있으면 맛있게 즐겁게 먹으려고 합니다.

"밥은 잘 챙겨 먹고 다니냐?"

예전에 어머니께 들었던 말을 제 자식들에게 간곡한 마음으로 부탁합니다.

교당 원로 교도님들께도 "요즘 식사는 잘하세요?"라고 안부를 묻습니다. 몸과 마음이 편해야 잘 먹을 수 있습니다. 잘 먹어야 몸과 마음이 편해지기도 하고요.

밥 먹는 일이 사는 일이고 큰일입니다. 그래서 밥은 생명입니다. 없던 시절엔 살기 위해서 먹었지만, 요즘은 먹는 것이 넘치는 세상입니다. 즐기기 위해서 먹습니다. 버려지고 낭비되는 음식에 죄스러운 마음이 큽니다. 지구촌 어딘가엔 먹을 것이 없어 굶어

죽는 어려운 사람들이 많은데 말이죠.
판화가 이철수 씨는 이렇게 말했습니다.

"밥 한 그릇에 행복이 있고 물 한 그릇에도 기쁨이 있습니다.
밥이 하늘입니다.
정성 어린 밥을 먹는다는 건
내 안에 가득 하늘을 품기 위해서입니다."

밥 한 그릇에 천지자연이 들어있고, 모든 동포의 정성이 담겨 있습니다. 밥 한 그릇이 법이고 진리입니다.

대산 김대거 종사께서는 새 생활 운동 중 하나로
"건강과 영양을 본위 하여 간소한 식사를 하고 정신의 양식인 지혜의 법식도 매일 구할 것이요."라고 말씀하십니다.

밥이 육신을 살찌우는 것이라면 법은 정신을 키우는 생명의 밥입니다. 성인의 법문을 읽고 법 높은 스승의 법설을 듣는 법식法食이 마음공부를 하는 공부인에게는 최고의 밥입니다.

"밥은 잘 챙겨 먹고 다니냐?"

밥식과 법식, 둘 다 잘 챙겨야 하겠습니다.

○ 원기105년 12월 11일

비대면 시대의 법회

코로나19로 인해 예전에 전혀 사용하지 않았던 단어들을 듣고 사용하고 있습니다. 그중 하나가 '비대면[Untact]'입니다. 직접 만나서 접촉하는 것을 피하는 것인데요. 비대면 수업, 비대면 면접, 비대면 법회 등 영상 또는 메신저를 통한 만남이 이루어지고 있습니다. 인터넷 등 통신 기술의 발달이 이를 가능하게 했지요.

교무들은 매달 한 번씩 출가단회를 하는데요. 요즘엔 줌[zoom]을 이용한 화상회의로 하고 있습니다. 교무훈련도 직접 훈련원에 가지 않고 원격훈련을 하고요. 편리한 세상인 것은 틀림없지만 아쉬움도 참 많습니다. 직접 얼굴 보고 대화하는 것이 아니라서 사실 인간적인 정이 느껴지지 않기는 합니다.

비대면 시대를 살아가는 데 있어 우선하여 필요한 것은 문명의 이기를 이용하는 것입니다. 그런데 연세가 높으신 분들은 참 어렵게 느껴질 수 있죠. 스마트폰 하나에 수많은 편리한 기능이 있음에도 불구하고 이를 제대로 이용하는 것은 젊은이도 쉽지 않습니다. 하루가 다르게 새로운 것들이 나오니 말이죠.

코로나 단계가 1.5, 2.0, 2.5 단계로 격상됨에 따라 교당에서 법회 볼 수 있는 인원이 계속 제한됐습니다. 법회는 직접 교당에서 보는 것이 최상일 텐데 코로나 현실에서는 그것이 어렵게 되었습니다. 이제 교당 법회도 세상 흐름에 맞춰갈 필요가 있습니다. 이문교당에서도 12월부터 비대면 법회를 보기 시작했습니다. 교당 법회를 중지하는 것이 아니라 비대면 영상 법회를 보기로 한 것입니다. 이번 주부터는 밴드 라이브를 통해 법회가 생중계됩니다.

이전까지 교당 밴드를 만들지 않았다가 영상 법회를 보기 위해 밴드를 만들었습니다. 라이브 법회뿐만 아니라 녹화영상을 볼 수도 있습니다. 새로운 것을 시도하는 데에는 용기와 도전이 필요합니다. 저도 교도님들도 마찬가지죠.

앞으로 비대면 세상이 더욱 확대될 것입니다. 또한 비대면에 따른 대면의 욕구도 강해질 것이고요. 종교의 신앙과 수행도 이젠 대면과 비대면이 조화롭게 결합하지 않을까 생각해 봅니다.

그래도 교무는[교도님도 마찬가지이겠지만] 직접 교도님들의 눈을 보고 법회를 보는 것을 희망합니다. 내년 상반기쯤에는 코로나가 안정되어 마음껏 교당에서 법회 보기를 소망합니다. 그런 날이 하루빨리 오면 좋겠습니다.

추운 날씨에 모쪼록 건강하시길 기원합니다.

○ 원기105년 12월 18일

참회의 기도

법신불 사은이시여!
지난 한 해를 곰곰이 돌이켜 보니 즐거움도 괴로움도 결국 내가, 우리가 지었음을 알았나이다. 법신불 사은님 앞에 무릎 꿇고 진실한 마음으로 참회 기도를 올리나이다.

올 한 해 병고에 힘들기도 했으며, 얽히고설킨 인연으로 어려움도 있었으며, 염원하는 일들이 잘 풀리지 않아 초조하기도 했으며, 업장이 두터워 어찌할 줄 모르고 고통스럽기도 했으며, 경계 따라 요란하고 어리석고 그름을 보면서 한없이 작아지기도 하였나이다.

올 한 해 성내고 원망하고 욕심에 물들었던 어리석은 죄업을 깊이 참회합니다. 미리 걱정하고 미리 부정적인 생각을 하여 자신을 힘들게 하고 다른 사람도 힘들게 하였음을 깊이 참회합니다. 나보다 더 잘난 사람을 시기하고 질투하며 못난 사람에 대해서는 무시하고 하시하지 않았는지 깊이 참회합니다. 나로 인해 버거워했고 속상해했고 불편했던 모든 인연을 생각하며 깊이 참회합니다.

한없는 은혜 속에 살면서도 감사하지 못하고 더 사랑하지 못했음에 깊이 참회합니다. 소중한 법연으로 만나 영생을 함께 할 동지들을 세세한 마음으로 챙기지 못했음을 깊이 참회합니다. 이웃과 세상의 아픔을 함께하지 못하고 나 혼자만의 삶에 급급했던 소아주의 이기주의의 삶을 깊이 참회합니다. 몸과 입과 마음으로 알고도 짓고 모르고도 지었을 모든 죄업을 깊이 참회합니다.

법신불 사은이시여!
이 참회의 공덕으로 육근이 항상 청정하여 원만구족하고 지공무사하게 하옵시며, 향하는 곳마다 은혜롭게 하옵소서. 이 참회의 공덕으로 가족들이 건강하고 염원하는 일들이 원만하게 성취되게 하옵시며, 행복한 일원가정을 이루게 하옵소서. 이 참회의 공덕으로 이문교당의 신축 불사가 순조롭게 이루어지게 하옵소서. 이 참회의 공덕으로 이 나라의 정세가 안정되고 모든 국민이 행복하며 세계가 평화 안락한 세상이 될 수 있도록 하옵소서.

이 참회의 공덕으로 죄업의 근성이 청정하게 하옵시고, 혜복의 문로가 열리게 되오며, 일체 대중의 앞길에 오직 광명과 평탄과 행복뿐으로써 길이 부처님의 성지에 살게 하여 주시옵소서.

일심으로 비옵고 사배 복고하옵나이다.

○ 원기105년 12월 25일

"늘 깨어 있으라."

원만이의 편지 _ 3

그래도
꽃은 피어나고

초판 1쇄 인쇄	2024년 10월 1일
초판 1쇄 발행	2024년 10월 13일

지은이	박덕희
교정·교열	천지은·박정범
펴낸곳	도서출판 동남풍
펴낸이	주영삼
출판등록	제1991-000001호(1991년 5월 18일)
주소	54536 전북특별자치도 익산시 익산대로 501
전화	063)854-0784
팩스	063)852-0784
홈페이지	www.wonbook.co.kr
인쇄	문덕인쇄

ISBN 978-89-6288-056-4(03800)
값 18,000원

잘못 만들어진 책은 구입처나 본사에서 교환해 드립니다.